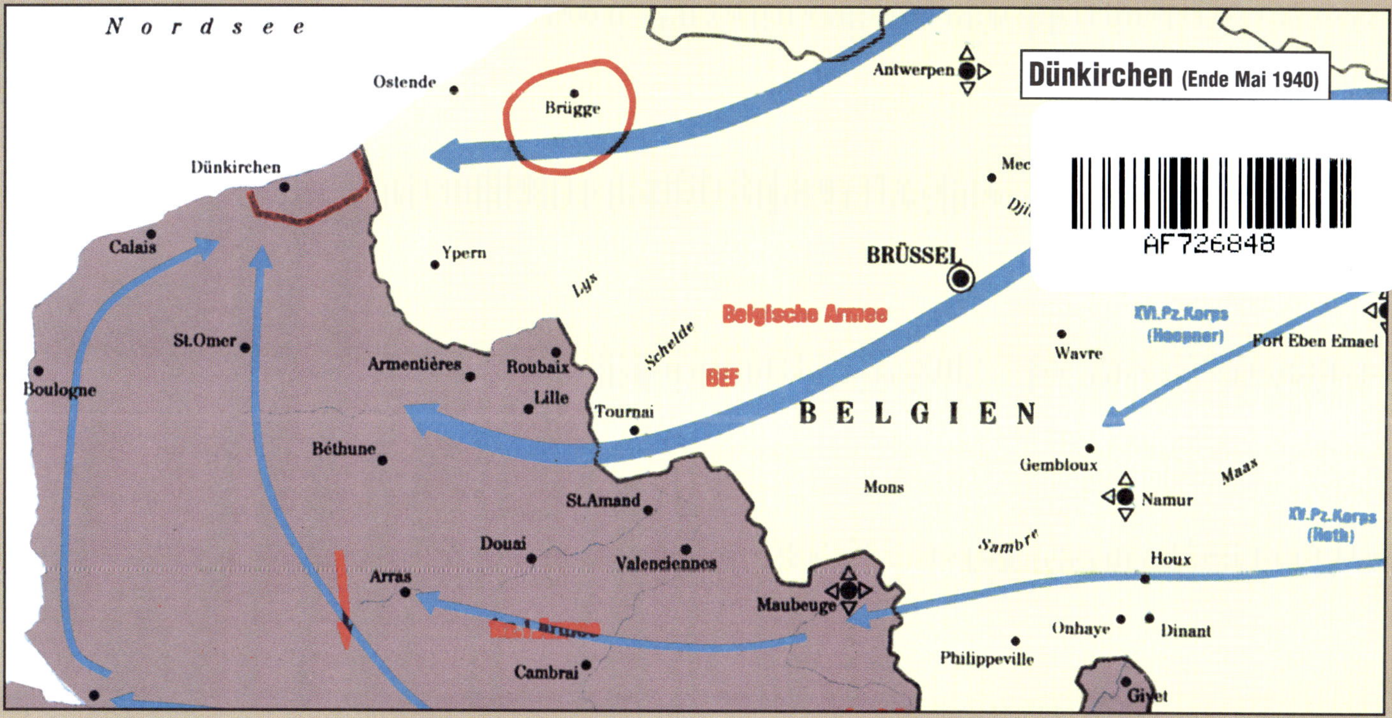
Dünkirchen (Ende Mai 1940)
Nordsee
Ostende
Brügge
Antwerpen
Dünkirchen
Calais
Ypern
BRÜSSEL
Lys
Belgische Armee
Schelde
BEF
St.Omer
Armentières
Roubaix
Lille
Tournai
Boulogne
BELGIEN
Wavre
Fort Eben Emael
XVI.Pz.Korps (Hoepner)
Béthune
Gembloux
Mons
Namur
Maas
St.Amand
Sambre
XV.Pz.Korps (Hoth)
Douai
Valenciennes
Houx
Arras
Maubeuge
Onhaye
Dinant
frz.1.Armee
Philippeville
Cambrai
Givet

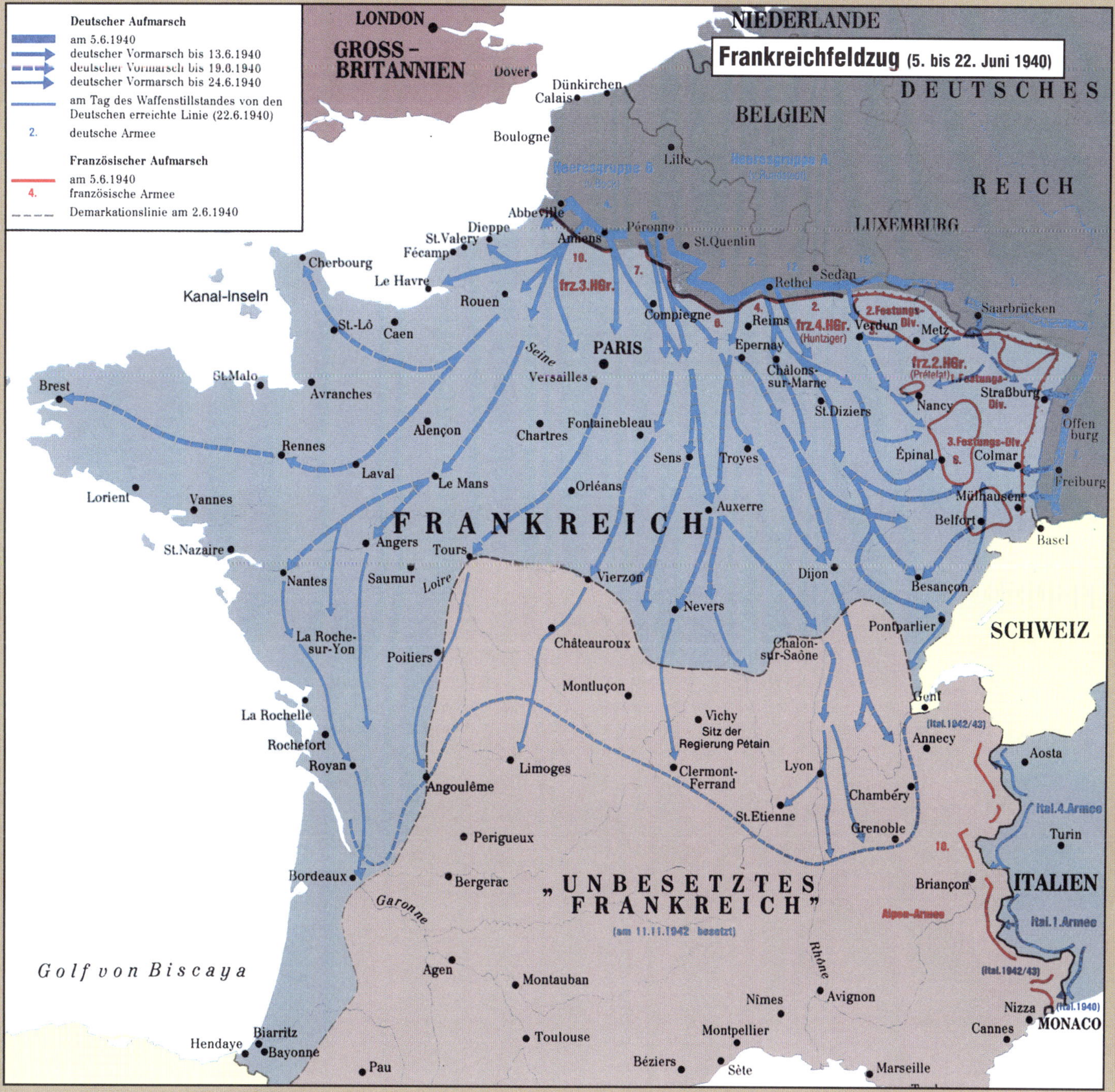
Frankreichfeldzug (5. bis 22. Juni 1940)
Deutscher Aufmarsch
am 5.6.1940
deutscher Vormarsch bis 13.6.1940
deutscher Vormarsch bis 19.6.1940
deutscher Vormarsch bis 24.6.1940
am Tag des Waffenstillstandes von den Deutschen erreichte Linie (22.6.1940)
2. deutsche Armee
Französischer Aufmarsch
am 5.6.1940
4. französische Armee
Demarkationslinie am 2.6.1940
LONDON
GROSS-BRITANNIEN
NIEDERLANDE
Dover
Dünkirchen
Calais
DEUTSCHES REICH
BELGIEN
Boulogne
Lille
Abbeville
Dieppe
St.Valery
Fécamp
Amiens
Péronne
St.Quentin
LUXEMBURG
Cherbourg
Le Havre
frz.3.HGr.
Rethel
Sedan
Kanal-Inseln
Rouen
Compiègne
Reims
frz.4.HGr. (Huntziger)
Verdun
Metz
Saarbrücken
St.-Lô
Caen
Seine
PARIS
Epernay
2.Festungs-Div.
frz.2.HGr. (Prételat)
St.Malo
Versailles
Châlons-sur-Marne
1.Festungs-Div.
Straßburg
Brest
Avranches
St.Diziers
Nancy
Offenburg
Alençon
Fontainebleau
Chartres
Rennes
Sens
Troyes
Épinal
3.Festungs-Div.
Colmar
Laval
Freiburg
Le Mans
Orléans
Mülhausen
Lorient
Vannes
Auxerre
FRANKREICH
Belfort
Basel
Angers
St.Nazaire
Tours
Nantes
Saumur
Loire
Vierzon
Dijon
Besançon
Nevers
Pontarlier
SCHWEIZ
La Roche-sur-Yon
Châteauroux
Chalon-sur-Saône
Poitiers
Montluçon
Genf
La Rochelle
Vichy
Sitz der Regierung Pétain
(Ital.1942/43)
Annecy
Rochefort
Aosta
Royan
Limoges
Clermont-Ferrand
Lyon
Angoulême
Chambéry
Ital.4.Armee
St.Etienne
Grenoble
Turin
Perigueux
Bordeaux
Bergerac
„UNBESETZTES FRANKREICH“
(am 11.11.1942 besetzt)
Briançon
ITALIEN
Garonne
Alpen-Armee
Ital.1.Armee
Rhône
Golf von Biscaya
Agen
Montauban
(Ital.1942/43)
Avignon
Nîmes
Nizza
(Ital.1940)
Biarritz
Toulouse
Montpellier
Cannes
MONACO
Hendaye
Bayonne
Béziers
Pau
Sète
Marseille

Pour le Mérite

Fritjof Schaulen

Die deutsche Militärelite 1939–1945

Zeitgeschichte in Farbe

Pour le Mérite

Umschlaggestaltung: Jirka Buder unter Verwendung eines Fotos von Walter Frentz für die Titelseite und eines Fotos von TimePix / Hugo Jäger für die Rückseite.
Das Titelfoto wurde aus rechtlichen Gründen bearbeitet und gegenüber der Vorlage verändert.
Die Karten in den Vorsätzen und auf den Seiten 33–35 stammen aus dem Buch *Der Zweite Weltkrieg. Texte, Bilder, Karten, Dokumente, Chronik*. München und Zürich 1985.

Bibliographische Information der Deutschen Bibliothek
Die Deutsche Bibliothek verzeichnet diese Publikation in der Deutschen Nationalbibliografie; detaillierte bibliografische Daten sind im Internet über http: / / dnb.ddb.de abrufbar.

ISBN 3-932381-25-4

Pour le Mérite – Verlag für Militärgeschichte
Postfach 52, D-24236 Selent

Eigendruck

Einführung

Die Militärelite des Dritten Reiches

Das Diktat von Versailles erlaubte dem Deutschen Reich lediglich ein Landheer in Stärke von 100.000 Mann ohne Panzer und schwere Waffen, verbot ihm eine Luftwaffe und beschränkte seine Seestreitkräfte auf 15.000 Mann und 500 Offiziere, sechs Linienschiffe, sechs kleine Kreuzer, zwölf Zerstörer und zwölf Torpedoboote. Die Soldaten mußten sich zu einer langen Dienstzeit verpflichten, um die Bildung von Reserven zu erschweren. Die Unterhaltung eines Generalstabes war Deutschland gleichfalls verboten. Im linksrheinischen Gebiet sowie in einem 50 Kilometer breiten Streifen rechts des Rheins durften keine militärischen Anlagen errichtet oder Truppen stationiert werden.

Nach Inkrafttreten des Versailler Diktats war Deutschland also weder zu einer Verteidigung seines Territoriums noch zu einem Angriff auf seine hochgerüsteten, durch Beistandspakte verbündeten Nachbarn imstande. Darüber hinaus erschwerte die politische Linke in der Weimarer Republik Versuche, außerhalb der Reichswehr durch vormilitärische Ausbildung eine spätere Ergänzung der regulären Truppe zu erleichtern. Nicht zuletzt setzten die finanziellen Belastungen der Weimarer Republik der Ausstattung der Streitkräfte enge Grenzen.

Andererseits konnte die Reichswehr aus dem Millionenheer der Weltkriegssoldaten die fähigsten und tapfersten Offiziere und Soldaten auswählen. Die Oberbefehlshaber der deutschen Heeresgruppen und Armeen im Zweiten Weltkrieg hatten noch in der Kaiserzeit eine sorgfältige Generalstabsausbildung erhalten, die auf einer langen Erfahrung beruhte, und sich im Ersten Weltkrieg im Stabsdienst wie an der Front bewährt. Nach den Plänen des Generalobersten Hans von Seeckt, des Chefs der Heeresleitung, sollte aus der kleinen Reichswehr einmal das

Generaloberst Hans von Seeckt (1866–1936) umging die Versailler Bestimmungen und schuf die Grundlagen für eine spätere wirksame Landesverteidigung.

Führerheer der Zukunft hervorgehen. Dementsprechend wurde jeder Soldat dazu ausgebildet, in einer vergrößerten Armee die Aufgaben der nächsthöheren Ebene zu erfüllen. Die der Weimarer Republik verbotene Generalstabsausbildung wurde durch eine zweijährige Führergehilfen-Ausbildung am Sitz der einzelnen Wehrkreiskommandos und eine abschließende einjährige Ausbildung am Sitz des Reichswehrministeriums in Berlin ersetzt. Nach zeitgenössischen Beurteilungen war daher die Reichswehr, was ihren Ausbildungsstand anbetraf, die beste Armee ihrer Zeit. Darüber hinaus wurde versucht, durch Ausbildung von Flugzeug- und Panzerbesatzungen sowie durch die Entwicklung neuer Waffen im Ausland die einschneidendsten Beschränkungen des Versailler Diktats zu umgehen. Trotzdem hatte sich die militärische Situation Deutschlands nicht wesentlich gebessert, als Adolf Hitler 1933 Reichskanzler wurde.

Britische Montagehalle für schwere Bomber vom Typ Armstrong A.W. 38 Whitley. Während die Siegermächte des Ersten Weltkrieges das Deutsche Reich territorial verstümmelt und militärisch auf ein 100.000 Mann-Heer entwaffnet hatten, rüstete sie ihre eigenen Armeen ungehemmt auf.

Zunächst konnte nur mit einer getarnten Verstärkung der Reichswehr begonnen werden. Erst 1935 wurde die allgemeine Wehrpflicht eingeführt. Eine Wiederaufrüstung war nur in beschränktem Umfang möglich, weil sich die deutsche Wirtschaft noch nicht von den Folgen der Weltwirtschaftskrise und der Arbeitslosigkeit erholt hatte, der Export deutscher Waren ins Ausland schleppend verlief und demgemäß nur unzureichend Devisen für den Einkauf von Rohstoffen für die Rüstung zur Verfügung standen. Bis 1939 konnte man die Ausbildungs- und Rüstungsdefizite der vergangenen Jahre nicht überwinden, und somit war die deutsche Wehrmacht nur zum Teil einsatzbereit. Daß es zu diesem Zeitpunkt trotzdem zu einem Krieg kam, war der zunehmenden Verfolgung der seit 1919 unter polnischer Herrschaft lebenden Deutschen sowie der unerwarteten Weigerung der polnischen Regierung zuzuschreiben, die zwischen Deutschland und Polen offenen Probleme durch Verhandlungen zu lösen; vor allem aber den Vereinigten Staaten von Amerika, Großbritannien und Frankreich, die Warschau in seiner Haltung bestärkten und einen bewaffneten Konflikt in Kauf nahmen. Zwar verfügte die Wehrmacht 1939 über eine moderne Luft- und Panzerwaffe und hatte deren Zusammenwirken nach neuen Grundsätzen erprobt, war sonst aber den Streitkräften Polens, Großbritanniens und Frankreichs nach Zahl und Bewaffnung deutlich und vor allem zur See erheblich unterlegen.

Wenn trotzdem innerhalb von zwei Jahren Polen, Dänemark, Norwegen, Holland, Belgien, Frankreich, Jugoslawien und Griechenland als Kriegsgegner ausgeschaltet werden konnten, Großbritannien und danach die Sowjetunion an den Rand einer Kapitulation gerieten, von 1941 bis 1945 ein Kampf gegen drei Weltmächte durchgestanden wurde, dann war das der gründlichen Ausbildung, Tapferkeit und Standfestigkeit der deutschen Soldaten, nicht weniger aber auch ihrer überlegenen Führung zu verdanken. Am Ende konnten sich die angeschlagenen deutschen

Divisionen gegen die materielle und personelle Überlegenheit des Gegners nicht mehr behaupten. Die eigenen Verluste waren nicht mehr zu ersetzen, die Zerstörung der Rüstungsindustrie durch Bombenangriffe nicht mehr zu beheben, der Mangel an Rohstoffen und Benzin nicht mehr auszugleichen, obwohl die Heimat unter schwierigsten Bedingungen alle Anstrengungen zur Versorgung und Ausrüstung der Truppe unternahm.

Das ist nicht nur während des Krieges auch vom Feind anerkannt worden. Ende der 50er Jahre wurde das Ergebnis einer Befragung von weltweit mehr als tausend Militärspezialisten durch die militärgeschichtliche Abteilung der israelischen Armee bekannt. Demzufolge waren die Deutschen die tapfersten, diszipliniertesten, anpassungsfähigsten, geschicktesten und kampfgewandtesten Soldaten des Zweiten Weltkrieges. Ihre Leistungen sind von keiner anderen Truppe erreicht oder überboten worden. Zuzuschreiben war das nicht zuletzt ihrer Elite: der militärischen Führung und den wegen ihrer Tapferkeit besonders ausgezeichneten Soldaten.

Dieser Bildband stellt die wichtigsten Männer der Obersten Kommandobehörden, alle 24 Generalfeldmarschälle, viele Oberbefehlshaber von Armeen, Heeresgruppen und Luftflotten sowie alle 27 Träger der höchsten deutschen Tapferkeitsauszeichnung, des Eichenlaubes mit Schwertern und Brillanten zum Ritterkreuz des Eisernen Kreuzes, in Bild und Text vor. Die Aufnahme in den Farbteil dieses Bildbandes ist davon bestimmt, ob es Farbaufnahmen dieser Personen überhaupt gibt, sie stellt keine Wertung der Persönlichkeit oder deren soldatischer Leistung dar.

Die Obersten Kommandobehörden der Wehrmacht

Im Zweiten Weltkrieg war **Adolf Hitler** zugleich Staatsoberhaupt und Oberster Befehlshaber der Wehrmacht. Er traf also, ebenso wie Stalin und Churchill als Kriegspremier, in gleicher Weise sowohl politische als auch militärische Entscheidungen. Ihm unterstanden für die Kriegführung das Oberkommando der Wehrmacht, das ihn beraten und den Einsatz aller Wehrmachtteile koordinieren sollte, das Oberkommando des Heeres, das Oberkommando der Marine und das Oberkommando der Luftwaffe.

Chef des Oberkommandos der Wehrmacht im Rang eines Reichsministers war General, ab 1940 Generalfeldmarschall, **Wilhelm Keitel**. Die wichtigste operative Abteilung seines Amtes war der bis zum Kriegsende von General, zuletzt Generaloberst, **Alfred Jodl** geleitete Wehrmachtführungsstab. Alle Nachrichten von den Fronten wurden von Jodls Stab zusammengefaßt und dienten als Grundlage für die von Adolf Hitler geleiteten Lagebesprechungen, deren Entscheidungen vom Wehrmachtführungsstab an die zuständigen Oberkommandos und Heeresgruppen weitergegeben wurden. Stellvertretender Chef des Wehrmachtführungsstabes war General der Artillerie **Walter Warlimont**, der wegen anhaltender gesundheitlicher Beschwerden als eines der Opfer des Attentats vom 20. Juli 1944 im September 1944 zur Führerreserve versetzt wurde. Wichtigster Berater Adolf Hitlers im Oberkommando der Wehrmacht war neben Generalfeldmarschall Keitel und Generaloberst Jodl der Chefadjutant der Wehrmacht beim Führer und Reichskanzler, zeitweilig auch Chef des Heerespersonalamtes, General **Rudolf Schmundt**. Während Generalfeldmarschall Keitel neben seiner Mitwirkung bei operativen Entscheidungen noch zahlreiche organisatorische Aufgaben erfüllte und Generaloberst Jodl sich auf die unmittelbare Kriegführung konzentrierte, war General Schmundt bestrebt, im Heer die jeweils fähigsten Offiziere mit den verantwortungsvollsten Aufgaben zu betrauen. Nach seinem Tod übernahm General **Wilhelm Burgdorf** bis zum Kriegsende dessen Aufgaben. Im Laufe des Krieges hat das Oberkommando der Wehrmacht auch eigene Kriegsschauplätze selbständig, neben dem Oberkommando des Heeres, geleitet. General Schmundt fiel dem Attentat vom 20. Juli 1944 zum Opfer. General Wilhelm Burgdorf nahm sich am 2. Mai 1945 nach der Kapitulation von Berlin in der Reichskanzlei das Leben. Generalfeldmarschall Keitel und Generaloberst Jodl wurden 1946 vom Internationalen Militärtribunal in Nürnberg zum Tode verurteilt und hingerichtet.

Die oberste Kommandobehörde des Heeres war das Oberkommando des Heeres, bei Kriegsausbruch geführt von Generaloberst, später Generalfeldmarschall, **Walter von Brauchitsch**. Nach seinem Plan wurden im September 1939 die polnischen Streitkräfte von drei Seiten angegriffen, umfaßt und vernichtet. Die feindlichen Streitkräfte wurden in offener Feldschlacht nach 18 Tagen besiegt, am 27. Tag des Krieges kapitulierte Warschau. In überraschend kurzer Zeit hatte die Wehrmacht damit einen starken Gegner ausgeschaltet.

Äußerst erfolgreich verlief auch der Westfeldzug im Mai und Juni 1940. Nach wenigen Tagen kapitulierten Holland und Belgien, nach sechs Wochen war auch Frankreich ausgeschaltet. Generalfeldmarschall von Brauchitsch hat es jedoch als seine größte Niederlage angesehen, daß Adolf Hitler in der Erwartung, durch diesen Schritt die Voraussetzungen für einen Friedensschluß mit Großbritannien schaffen zu können, dem Heer einen Anhaltebefehl erteilte und damit das bei Dünkirchen zusammengedrängte englische Expeditionskorps über den Kanal entkommen ließ. Hitlers Hoffnungen erfüllten sich jedoch nicht.

In kurzer Zeit brach das Heer unter der Führung von Generalfeldmarschall von Brauchitsch im April 1941 auch den Widerstand jugoslawischer, griechischer und britischer Verbände auf dem Balkan, griff dann am 22. Juni 1941 mit drei Heeresgruppen die Sowjetunion an und kam damit einer Offensive der Roten Armee nur um wenige Tage zuvor. Da die feindlichen Streitkräfte längere Zeit hindurch nicht in der Lage waren, von einer Bereitstellung zum Angriff zu einer planmäßigen Verteidigung überzugehen, konnten die von der Zahl und Bewaffnung her stark unterlegenen, jedoch vom Oberkommando des Heeres sicher geführten deutschen Verbände in fünf Monaten große Gebiete des europäischen Teils der Sowjetunion erobern und Stalins Truppen schwere Verluste zufügen.

Im August 1941 kam es zwischen Generalfeldmarschall von Brauchitsch und Adolf Hitler zu Meinungsverschiedenheiten über den nächsten Schwerpunkt des deutschen Angriffs. Der Oberbefehlshaber des Heeres wollte mit Vorrang die sowjetische Hauptstadt erobern und damit das politische Zentrum sowie den wichtigsten Verkehrsknotenpunkt der Sowjetunion ausschalten, während aus der Sicht Hitlers dadurch eine zu gefährliche Verlängerung der Flanken der Heeresgruppe Mitte eingetreten wäre, die den Angriff auf Moskau führen sollte. Statt dessen befahl er die Vernichtung starker sowjetischer Verbände östlich von Kiew durch die Heeresgruppe Süd im Zusammenwirken mit der Heeresgruppe Mitte. In dieser Kesselschlacht verloren die Armeen des sowjetischen Marschalls Budjonny 665.000 Gefangene, 3.718 Geschütze und 884 Panzer.

Eine solche Streitmacht, zu der noch die gefallenen und nach Osten ausgebrochenen Rotarmisten zu rechnen sind und deren Stärke daher etwa eine Million Mann betrug, hätte durch einen Angriff in die rechte Flanke der auf Moskau vorstoßenden Heeresgruppe Mitte deren Offensive zum Scheitern verurteilen können. Darüber hinaus fielen nach der Schlacht östlich von Kiew das überaus bedeutsame Rüstungszentrum Charkow, das Donezgebiet sowie landwirtschaftlich wichtige Gebiete in deutsche Hand, ein voraussehbares Ergebnis, das gleichfalls die Entscheidung Hitlers für den Angriff auf Budjonnys Heeresgruppe bestimmt hatte.

Erst nach der anschließenden Doppelschlacht bei Wjasma und Brjansk westlich und südwestlich von Moskau mit der Gefangennahme von 663.000 Rotarmisten sowie der Eroberung oder Vernichtung von 1.242 Panzern und 5.124 Geschützen sah Hitler die Voraussetzung für den Angriff auf Moskau gegeben. Aber Mitte Oktober 1941 verlangsamten schwere Schneefälle, vermischt mit starkem Regen, den Vormarsch der Heeresgruppe Mitte so sehr, daß die sowjetische Führung starke Reserven zur Verteidigung ihrer Hauptstadt heranführen, den deutschen Angriff zum Stehen bringen und Anfang Dezember 1941 zum Gegenangriff übergehen konnte. Generalfeldmarschall von Brauchitsch, zudem schwer herzleidend, nahm am 19. Dezember 1941 seinen Abschied und wurde während des Krieges nicht wieder verwendet. Am 18. Oktober 1948 ist er in einen britischen Militärlazarett in Hamburg-Barmbeck gestorben.

Hitler bestimmte nach seinem Abgang keinen Nachfolger, sondern übernahm selber den Oberbefehl über das deutsche Heer, ließ jedoch wie bisher das Oberkommando der Marine und der Luftwaffe weitgehend selbständig handeln.

Der erste Gehilfe des Oberbefehlshabers des Heeres war der Chef des Generalstabs des Heeres. Bei Ausbruch des Zweiten Weltkrieges und bis zum 24. September 1942 war dies General, zuletzt Generaloberst, **Franz Halder**. Ihm folgte bis zu seiner Beurlaubung am 1. Juli 1944 General, zuletzt Generaloberst, **Kurt Zeitzler**, der sich vorher als Chef des Generalstabs der Panzergruppe A im Westfeldzug, als Chef des Generalstabs

Spitzengliederung der Wehrmacht

1939

Die oberste Führung OKW

„Der Führer und Oberste Befehlshaber der Wehrmacht"
Chef OKW: Keitel
Chef WFStab: Jodl
Chef L: Warlimont

Landkriegführung OKH	Seekriegführung OKM	Luftkriegführung OKL
OB d. H.: v. Brauchitsch	**OB d. M.: Raeder**	**OB d. L.: Göring**
Chef GenSt. d. H.: Halder	**Chef Stab: Schniewind**	**Chef Stab: Jeschonnek**
Heeresgruppenkommandos	Marinegruppenkommandos	Luftflottenkommandos
Armeegruppenkommandos	Flottenchef	Fliegerdivisionen
Generalkommandos	Seebefehlshaber	Aufklärungsverbände
Divisionen	Küstenbefehlshaber	Kampfverbände
	Führer der U-Boote	Jagdverbände
	Führer der Zerstörer	Zerstörerverbände
	Führer der Torpedo-Boote	Stuka-Verbände
	Führer der Minensuchboote	Schlachtverbände
	Führer der Vorpostenboote	Luftgaukommandos

1941/42

Die oberste Führung OKW

„Der Führer und Oberste Befehlshaber der Wehrmacht"
Chef d. Stabs d. OKW: Keitel
Chef WFStab: Jodl
Stellv. Chef WFStab: Warlimont

Gesamtführung, außerdem unmittelbar unterstellt die Kriegsschauplätze und dort eingesetzten Verbände:

in Norwegen:	**Wehrm. Befh. Norwegen**	**v. Falkenhorst**
in Nord-Finnland:	**Geb. AOK 20**	**v. Falkenhorst, Dietl u.a.**
im Balkan:	**Wehrm. Befh. Südost**	**List, Röhr u.a.**
in Nordafrika:	**Dt.-ital. Pz.-Armee**	**Rommel u.a.**
im Westen:	**OB West**	**v. Witzleben**

Der OB d. Heeres: v. Brauchitsch Ab 19.12.1941: Hitler Chef Stab: Halder	Seekriegführung wie bei Kriegsbeginn Chef Stab ab Juni 1941: Fricke	Luftkriegführung OKL wie bei Kriegsbeginn

ab Herbst 1942

Der Führer, Oberster Befehlshaber der Wehrmacht und Oberbefehlshaber der Wehrmacht: Hitler

WFStab	GenSt. d. H.	Seekriegführung	Luftkriegführung
Chef: Jodl Stellv.: Warlimont ab Nov. 44: Winter	Chef: Zeitzler Ab Juni 44: Guderian, Krebs	OB ab 30.1.43: Dönitz Chef d. St. ab 2. 43: Meisel	Chef d. GenSt. ab 9. 43: Korten; ab 8. 44: Kreipe und Koller
Alle Kriegsschaupl. außer Osten	Östlicher Kriegsschaupl.		

der 1. Panzerarmee und später der Heeresgruppe D im Ostfeldzug ausgezeichnet hatte. Nach dem Attentat vom 20. Juli 1944 wurde Generaloberst **Heinz Guderian** Chef des Generalstabs des Heeres. Er war der Schöpfer der deutschen Panzerwaffe und ihrer Angriffstaktik. Im Gegensatz zu der überlieferten Auffassung, nach der Panzer das Vorgehen der Infanterie mit ihren Waffen zu unterstützen haben, verlangte Guderian den selbständigen Einsatz zusammengefaßter starker Panzerverbände zum Durchbruch durch die feindlichen Stellungen und zum Vorstoß ins Hinterland. Im Zusammenwir-

Foto: Ullstein

General der Infanterie Hans Krebs (1898–1945) erhielt 1944 das Ritterkreuz und Anfang 1945 das Eichenlaub.

ken mit der Luftwaffe und motorisierten eigenen Verbänden waren damit die Voraussetzungen für einen Bewegungskrieg und die schnelle Umfassung des Feindes, also für einen Blitzkrieg gegeben.

Sowohl im Polenfeldzug als auch im Frankreichfeldzug, wo die Panzergruppe Guderian führend am Zusammenbruch der britisch-französischen Front beteiligt war, hat sich diese Taktik bewährt. Im Ostfeldzug hat Guderians Panzergruppe 2, später genannt 2. Panzerarmee, in hervorragendem Maße zur Zerschlagung der Heeresgruppe des sowjetischen Marschalls Semjon Konstantinowitsch Timoschenko und später zur Umfassung und Vernichtung der feindlichen Kräfte östlich von Kiew beigetragen. Nach zeitweiliger Versetzung zur Führerreserve wurde Guderian am 1. März 1943 Generalinspekteur der Panzerwaffe, als Chef des Generalstabs des Heeres hat er bis zum 28. März 1945 die Ostfront geführt.

Sein Nachfolger, General der Infanterie **Hans Krebs**, hatte sich als Chef des Generalstabs der an der Ostfront eingesetzten 9. Armee und anschließend der Heeresgruppe Mitte große Verdienste erworben. Am 1. Mai 1945 versuchte er im eingeschlossenen Berlin, mit der sowjetischen Seite Waffenstillstandsverhandlungen aufzunehmen. Als dies abgelehnt wurde, nahm sich der mit dem Eichenlaub zum Ritterkreuz ausgezeichnete Offizier noch am selben Tag im Führerbunker das Leben.

Generalmajor **Dr. Walter Dornberger** leitete ab 1937 die Heeresversuchsanstalt Peenemünde im Nordteil der Insel Usedom. Dort wurden Fernraketen entwickelt, von denen die A-4, öffentlich als Vergeltungswaffe oder V-2 bezeichnet, ab Sommer 1944, mit einer Sprengstoffladung bestückt, gegen die Britischen Inseln und vor allem den Großraum London eingesetzt worden ist.

Oberbefehlshaber der Kriegsmarine war 1939 Großadmiral **Dr. h.c. Erich Raeder**. Die von ihm befehligten Überwasserstreitkräfte waren den britischen und französischen Flotten weit unterlegen und konnten deshalb keinen kriegsentscheidenden Einsatz leisten, sondern nur die feindliche Handelsschiffahrt stören. Mit der Planung, Vorbereitung und Durchführung der Landung deutscher Truppen im April 1940 in Norwegen kam Großadmiral Raeder einer britischen Landung nur um wenige Stunden zuvor und verhinderte dadurch, daß sich in Skandinavien feindliche Streitkräfte festsetzen, die Verschiffung der für Deutschland wichtigen schwedischen Eisenerze über den Hafen Narvik unterbinden und von Norwegen aus Bombenangriffe auf das Reichsgebiet durchführen konnten. Am 30. Januar 1943 wurde er als Oberbefehlshaber der Kriegsmarine abgelöst und zum Generalinspekteur der Kriegsmarine ernannt. 1946 verurteilte ihn das Internationale Militärtribunal in Nürnberg zu einer lebenslänglichen Freiheitsstrafe, aus der er 1955 wegen seines schlechten Gesundheitszustandes entlassen wurde. Er verstarb 1960.

Sein Nachfolger als Oberbefehlshaber der Kriegsmarine wurde Großadmiral **Karl Dönitz**, der Befehlshaber der Unterseeboote. Er hatte diese Waffe ab 1936 aufgebaut und seit Kriegsbeginn eingesetzt. Seine Rudeltaktik – der Torpedoangriff mehrerer U-Boote gleichzeitig auf einen Geleitzug – fügte dem Feind schwere Verluste zu. Im Zweiten Weltkrieg versenkte die Kriegsmarine 2.351.000 Brutto-Register-Tonnen feindlichen Schiffraums, zum größten Teil durch ihre U-Boote. Zeitweilig war dadurch die Versorgung der Britischen Inseln ernsthaft gefährdet, aber im Laufe der Zeit konnten die amerikanischen und britischen Werften diese Ausfälle ersetzen. Ab 1943 gingen immer mehr eigene Boote durch Feindeinwirkung verloren. Von 863 deutschen U-Booten im Fronteinsatz wurden 630 versenkt, von 41.300 U-Boot-Männern verloren 25.870 das Leben. Sie hatten damit die höchste Verlustquote aller deutschen Waffengattungen. Neben Großadmiral Dönitz trug der Chef seiner Operationsabteilung, Kapitän, später Admiral, **Eberhard Godt**, die größte Verantwortung für die Führung der U-Boote. Bei Kriegsende leitete Großadmiral Dönitz die Evakuierung von nahezu zwei Millionen Flüchtlingen aus den von der Roten Armee abgeschnittenen deutschen Ostgebieten über die Ostsee. Am 29. April 1945 von Adolf Hitler zu dessen Nachfolger als Reichspräsident ernannt, konnte Großadmiral Dönitz den Kampf der Wehrmacht nur noch mit dem Ziel fortsetzen, möglichst viele Deutsche vor den Massenmorden und -verbrechen von Stalins Soldateska zu retten. Mit Wirkung vom 8. Mai 1945 ließ er die Wehrmacht kapitulieren, am 23. Mai 1945 wurden er, sein Stab und die Mitglieder der von ihm eingesetzten geschäftsführenden Reichsregierung von britischen Truppen unter entwürdigenden Umständen in Flensburg-Mürwik in Kriegsgefangenschaft genommen. In einer im Juli 1945 abgegebenen Erklärung widersprach Großadmiral Dönitz der von der Feindseite aufgestellten Behauptung, der deutsche Staat habe als Folge der Kapitulation der Wehrmacht aufgehört zu bestehen. Das Internationale Militärtribunal in Nürnberg verurteilte ihn 1946 zu einer Freiheitsstrafe, aus der er 1956 entlassen wurde.

Admiral Eberhard Godt, hier als Korvettenkapitän, hatte am operativen Einsatz der U-Boote einen verdienstvollen Anteil.

Die Luftwaffe war der jüngste deutsche Wehrmachtsteil. Vorbereitungen für ihre Gründung wurden insgeheim schon in der Weimarer Republik durch Entwicklung von Flugzeugmodellen und Ausbildung von Piloten in der Sowjetunion getroffen. 1935 wurde ihre Existenz offen bekanntgegeben. Ihr Oberbefehlshaber wurde **Hermann Göring**, erfolgreicher Jagdfliegerpilot im Ersten Weltkrieg und Inhaber hoher Ämter im Dritten Reich. Die Luftwaffe war von Anfang an zur unmittelbaren Unterstützung des Heeres konzipiert worden, konnte aufgrund der Reichweite und Bewaffnung ihrer Maschinen also nur im frontnahen Bereich eingesetzt werden. Der von ihrem ersten Chef des Generalstabs, General **Walther Wever**, unternommene Versuch, eine strategische Bomberflotte für weitreichende Angriffe in feindliches Hinterland und zur Bekämpfung von Schiffszielen aufzubauen, wurde nach seinem Unfalltod 1936 nicht fortgesetzt. So konnte die Luftwaffe zwar die Angriffsoperationen des Heeres im Polen- und Frankreichfeldzug äußerst wirkungsvoll unterstützen, wofür Göring 1940 zum Reichsmarschall ernannt wurde, war dann aber nicht mehr in der Lage, mit weitreichenden Maschinen die britische Luftwaffe und Flugzeugproduktion auszuschalten und dadurch zur Kapitulation des Inselreichs beizutragen. Während die Luftwaffe ab 1941 durch den Einsatz an der Ostfront, in Nordafrika, bei der Reichsverteidigung und durch Angriffe auf feindliche Geleitzüge ihre Kräfte zersplittern mußte, zerstörten die Langstreckenbomber der Anglo-Amerikaner systematisch Deutschlands Städte. Die Luftwaffe konnte sich trotz des tapfersten Einsatzes ihrer Flugzeugbesatzungen der feindlichen Übermacht immer weniger erwehren und hatte hohe Verluste.

Walther Wever, erster Generalstabschef der Luftwaffe, entwickelte das Konzept einer strategisch-taktischen Luftwaffe.

Fehlplanungen bei der Flugzeugproduktion, für die sich Generalstabschef **Hans Jeschonnek** mitverantwortlich fühlte und deshalb 1943 erschoß, kamen erschwerend dazu. Sein Nachfolger, General der Flieger **Günther Korten**, kam beim Sprengstoffanschlag im Führerhauptquartier am 20. Juli 1944 ums Leben. Erst 1944, als sich die Kriegswende bereits abgezeichnet hatte, erreichte die Flugzeugproduktion im Deutschen Reich ihr höchstes Ergebnis im Zweiten Weltkrieg. Bei Kriegsende wurde Hermann Göring von Adolf Hitler als Oberbefehlshaber der Luftwaffe abgesetzt, nachdem er in einem Funkspruch in das eingeschlossene und umkämpfte Berlin angefragt hatte, ob er die Staatsgeschäfte übernehmen solle. 1945 und 1946 verteidigte sich Göring vor dem Internationalen Militärtribunal in Nürnberg mit großem Geschick, wurde trotzdem zum Tode verurteilt und nahm sich am 16. Oktober 1945 in seiner Gefängniszelle selber das Leben.

Generalfeldmarschälle

Am 19. Juli 1940 beförderte Adolf Hitler den Generalobersten **Fedor von Bock** zum Generalfeldmarschall und würdigte damit dessen Verdienste im Polen- wie im Frankreichfeldzug. Die von ihm als Oberbefehlshaber der Heeresgruppe Nord geführte 3. Armee trat am 1. September 1939 von Ostpreußen aus zum Angriff nach Westen an, seine 4. Armee stieß aus Pommern in östlicher Richtung vor, sie vereinigten sich und vernichteten große Teile der im Korridor stehenden polnischen Kräfte. Anschließend rückte die Heeresgruppe Nord nach Warschau vor, stieß mit ihrem linken Flügel an der polnischen Hauptstadt vorbei und traf südlich von Brest-Litowsk mit den Panzerkorps der deutschen Heeresgruppe Süd zusammen. Die dadurch eingeschlossenen polnischen Verbände kapitulierten am 16. September, nach dem Fall von Warschau übergab sich auch die letzte Festung in polnischer Hand, Modlin. Generaloberst von Bock wurde mit dem Ritterkreuz des Eisernen Kreuzes ausgezeichnet.

Im Westfeldzug führte von Bock die Heeresgruppe B. Seine 18. Armee zwang die holländischen Truppen in fünf Tagen zur Kapitulation, während seine 6. Armee aus dem Bereitstellungsraum Aachen über Lüttich in Nordostbelgien eindrang. Die Heeresgruppe B durchbrach dann die feindlichen Verteidigungslinien an Maas und Albert-Kanal, stieß anschließend bis zur Kanalküste vor und schloß am 27. Mai den Ring um die im Raum Dünkirchen zusammengedrängten britischen und französischen Verbände. Nach einer Umgruppierung griffen die beiden Armeen des Generalobersten von Bock am 5. Juni 1940 aus ihrem Bereitstellungsraum zwischen der Nordsee und der Aisne an und erreichten einen Frontbogen, der von Brest in der Bretagne über die Loire, Orleans und Bourges bis nach Lyon reichte. Am 22. Juni 1940 kapitulierte die französische Armee.

Ein Jahr später kesselte die von Generalfeldmarschall von Bock geführte Heeresgruppe Mitte aus ihrem Bereitstellungsraum östlich von Warschau die zum Angriff auf Deutschland bereitgestellte Heeresgruppe des sowjetischen Marschalls Timoschenko bei Bialystok und Minsk ein. Als Ergebnis dieser Doppelschlacht fielen 328.898 Gefangene, 3.332 Panzer und 1.809 Geschütze in deutsche Hand. Bei ihrem weiteren Vorstoß nach Osten hatte sie schwere Kämpfe bei Smolensk und Jelnja zu bestehen, vernichtete dann stärkste feindliche Verbände in der Doppelschlacht von Wjasma und Brjansk und setzte danach den Angriff nach Osten fort, der bis an die Stadtgrenze von Moskau führte, jedoch angesichts beträchtlicher eigener Verluste und großer Nachschubschwierigkeiten, wachsenden feindlichen Widerstands und schwierigster Witterungsbedingungen Anfang Dezember 1941 eingestellt werden mußte. Eine Zurücknahme der eigenen Front wurde unvermeidlich. Vom 15. Januar bis zum 15. Juli 1942 führte von Bock erst die Heeresgruppe Süd und danach die Heeresgruppe B mit der 2. und 6. Armee sowie der 4. Panzerarmee, mit der er im Mittelabschnitt der Ostfront die sowjetischen Kräfte bis zum Don zurückwarf. Da er auf seinem Vorschlag beharrte, hier die Front zu halten und nicht weiter vorzustoßen, wurde er verabschiedet. Am 5. Mai 1945 wurden Generalfeldmarschall von Bock, seine Frau und seine Tochter Opfer eines britischen Jagdbomberangriffes.

Aus dem Aufmarschraum um Gleiwitz rückte das VIII. Korps unter seinem Kommandierenden General **Ernst Busch** nach schweren Kämpfen in Ostoberschlesien und Krakau ein, verfolgte starke polnische Kräfte nach Osten, überschritt den San, gelangte südlich von Lublin in den Rücken der Polen und vereinigte sich danach mit der von Norden vorrückenden Heeresgruppe Nord. Im Westfeldzug war General Busch Oberbefehlshaber der 16. Armee, die am 10. Mai 1940 aus ihrem Aufmarschraum um Trier in Luxemburg einrückte und die Front zwischen Maas und Mosel sicherte, bis sie am 9. Juni in die Champagne vorstieß, den französischen Sperriegel an der Aisne aufbrach und dann dje Festungsgruppen der Maginot-Linie einkesselte. Busch wurde für seine hervorragende persönliche Tapferkeit mit dem Ritterkreuz ausgezeichnet und zum Generaloberst befördert. Im Juni 1941 griff die 16. Armee von Ostpreußen durch das Baltikum in Richtung Leningrad an, schloß die Stadt von Süden her ein und verteidigte danach die Front zwischen dem Ladogasee im Norden und den Waldaihöhen im Süden gegen heftige sowjetische Angriffe. Für diese Abwehrerfolge wurde Generaloberst Busch am 30. Januar 1943 zum Generalfeldmarschall befördert. Mit dem Eichenlaub zum Ritterkreuz ausgezeichnet, übernahm Busch am 12. Oktober den Oberbefehl über die Heeresgruppe Mitte mit einer Frontlänge von 1.100 Kilometern, für deren Verteidigung nur abgekämpfte Divisionen zur Verfügung standen. Sie konnten die Einkesselung und weitgehende Vernichtung der Heeresgruppe durch eine am 22. Juni 1944 beginnende sowjetische Großoffensive nicht verhindern. Generalfeldmarschall Busch wurde nach dem Zusammenbruch seiner Front durch Generalfeldmarschall Walter Model abgelost und zur Führerreserve versetzt, übernahm Ende März 1945 den Führungsstab Nordseeküste und kapitulierte am 7. Mai 1945 befehlsgemäß in einem kleinen Dorf bei Flensburg. Am 17. Juli 1945 verstarb er in britischer Gefangenschaft.

Generalfeldmarschall Ernst Busch (1885–1945) erhielt als Oberbefehlshaber der 16. Armee 1940 das Ritterkreuz und 1943 das Eichenlaub.

Bei Ausbruch des Krieges 1939 baute Generalleutnant **Robert Ritter von Greim** in München die 5. Fliegerdivision auf und unterstützte mit ihr 1940 die Kämpfe an der Westfront. Nach dem Frankreichfeldzug wurde er General der Flieger und kommandierte ein Fliegerkorps und später eine Luftflotte im Mittelabschnitt der Ostfront. Im Februar 1943 wurde er zum Generaloberst befördert. Mit den ihm unterstellten fliegenden Verbänden und Flakeinheiten hatte Ritter von Greim einen hervorragenden Anteil vor allem an der großen Abwehrschlacht im Orelbogen im August 1943. Bis in die letzten Kriegstage flogen die Maschinen seiner Luftflotte Angriffe an der Ostfront, die Reste seiner Einheiten verlegte er nach München, als die von seinen Maschinen benutzten Flugplätze in sowjetische Hand gefallen waren. Dort erreichte ihn der Befehl Adolf Hitlers, sich in der Reichskanzlei zu melden. Unter schwierigsten Bedingungen landete er in Berlin, das schon fast völlig von der Roten Armee besetzt war, wurde am 27. April 1945 zum Generalfeldmarschall befördert und als Nachfolger Hermann Görings zum Oberbefehlshaber der Luftwaffe ernannt. Ritter von Greim konnte Berlin zwar noch verlassen, in den letzten Kriegstagen jedoch das Geschehen nicht mehr beeinflussen. Am 24. Mai 1945 nahm er sich in amerikanischer Gefangenschaft das Leben, da er seine Auslieferung an die Sowjets befürchtete.

General der Flieger **Albert Kesselring** unterstützte mit der Luftflotte 1 im Polenfeldzug die Heeresgruppe Nord und befehligte mit nicht geringerem Erfolg im Westfeldzug die Luftflotte 2. Dafür wurde er, nach dem Polenfeldzug bereits mit dem Ritterkreuz ausgezeichnet, unter Überspringung des Generaloberstenrangs am 19. Juli 1940 zum Generalfeldmarschall befördert. Danach trug seine Luftflotte die Hauptlast im Luftkrieg gegen Großbritannien, der überaus verlustreich verlief und abgebrochen werden mußte, ohne das Inselreich zur Kapitulation gezwungen zu haben.

Im Ostfeldzug war Generalfeldmarschall Kesselring mit seinen Verbänden der Heeresgruppe Mitte zugeteilt. Ihre Einsätze trugen nicht wenig zum schnellen Vormarsch der Bodentruppen bei. Als die italienischen Streitkräfte im Herbst 1940 in Nordafrika von britischen Truppen ernsthaft bedrängt wurden, wurde Generalfeldmarschall Kesselring zum Oberbefehlshaber Süd ernannt, griff mit zwei in Süditalien und Südgriechenland stationierten Fliegerkorps sehr wirksam in die Erdkämpfe ein und erleichterte durch Angriffe auf feindliche Kriegsschiffe auch den Nachschub über das Mittelmeer. An den Erfolgen des Afrika-Korps hatte er erheblichen Anteil, konnte sich aber langfristig gegen die wachsende feindliche Luftüberlegenheit nicht behaupten. Der Kampf in Nordafrika wurde verloren.

Als Oberbefehlshaber Süd übernahm Generalfeldmarschall Kesselring auch das Kommando über die deutschen Heerestruppen in Italien, als die Alliierten am 10. Juli 1943 erst auf Sizilien und dann auf der italienischen Halbinsel landeten. Da er vor seinem Eintritt in die Luftwaffe Artillerie-Offizier gewesen war, bereitete ihm die Führung von Bodentruppen keine Schwierigkeiten. Für seine Erfolge bei der Abwehr der alliierten Angriffe in Italien wurden ihm am 19. April 1944 die Brillanten zum Eichenlaub mit Schwertern des Ritterkreuzes verliehen. Angesichts einer starken feindlichen Luftüberlegenheit mußte er mit seinen Verbänden langsam nach Norden zurückweichen, verhinderte aber bis zum Kriegsende den Zusammenbruch seiner Front und ermöglichte damit der Masse der im Donauraum stehenden deutschen Truppen den Rückzug. Nach Kriegsende verurteilte ein britisches Gericht Generalfeldmarschall Kesselring zum Tode, das Urteil wurde jedoch in eine lebenslängliche Freiheitsstrafe umgewandelt. 1952 wurde er aus der Haft entlassen, 1960 verstarb er.

Im Polenfeldzug durchbrach das von General **Ewald von Kleist** geführte 1. Panzerkorps, von Schlesien aus vorgehend, die polnischen Stellungen, kesselte starke Feindkräfte bei Radom ein und vereinigte sich dann am Bug mit Verbänden der Heeresgruppe Nord. Die Panzer operierten dabei weit vor der nachfolgenden Infanterie und bestätigten so die von Guderian entwickelte Konzeption, derzufolge ihre Verbände selbständig den Durchbruch durch die feindliche Front erzwingen und dadurch die Entscheidung herbeiführen sollten. Neben Guderian wandte General von Kleist diese neue Angriffstaktik im Polenfeldzug zum erstenmal an. Im Westfeldzug kommandierte er eine nach ihm benannte Panzergruppe mit den beiden Panzerkorps Reinhardt und Guderian, die durch Luxemburg bis zur Maas und von da bis zur Kanalküste bei Abbeville vorstießen, die britischen und französischen Truppen somit von ihrem Hinterland abschnitten und anschließend nach Norden in Richtung Dünkirchen eindrehten. Nach der Eroberung der Stadt und Wiederaufnahme der Offensive drang die Panzergruppe Kleist über die Marne nach Süden und über Lyon bis an die Isère vor. Ihr Befehlshaber wurde mit dem Ritterkreuz ausgezeichnet und zum Generaloberst befördert.

Die Landung britischer Truppen in Griechenland und ein Militärputsch in Belgrad, der eine deutschfeindliche Offiziersgruppe an die Macht brachte, führte im April 1941 zum Einmarsch deutscher Truppen in Jugoslawien und Griechenland. Die Panzergruppe 1 unter Generaloberst von Kleist, der 12. Armee des Generalfeldmarschalls Wilhelm List unterstellt, war dazu an der Westgrenze Bulgariens konzentriert worden, stieß am 8. April 1941 von da in kurzer Zeit über Nisch nach Belgrad vor und erreichte die jugoslawische Hauptstadt – zusammen mit den von Norden anrollenden Panzern der 2. Armee – am 11. April. Fünf Tage später kapitulierte Jugoslawien. Anschließend eroberte die Panzergruppe 1 Athen und rückte bis zum Peloponnes vor, wo sie dem britischen Expeditionskorps noch beträchtliche Verluste zufügte. Nach dem Sieg in Griechenland wurde die Panzergruppe Kleist nach Rumänien verlegt und dort zum Angriff auf die Sowjetunion bereitgestellt.

Beim Vorstoß nach Osten schlugen die Panzer des Generalobersten von Kleist starke sowjetische Panzerverbände bei Rowno, kesselten danach, gemeinsam mit der 17. und Teilen der 6. Armee, bei Uman 15 Schützen- und fünf Panzerdivisionen der Roten Armee ein und machten 103.000 Gefangene. Gleichzeitig fielen 317 Panzer und 858 Geschütze in deutsche Hand. Nach der Zerschlagung der feindlichen Kräfte westlich des Dnjepr bildete die Panzergruppe 1 bei Krementschug einen Brückenkopf am Ostufer des Stroms, von dem aus sie am 10. September 1941 nach

Norden angriff und sich bei Lochwiza mit der nach Süden vorstoßenden Panzergruppe 2 des Generalobersten Guderian vereinigte. In der darauf folgenden Kesselschlacht, der größten in der Geschichte, sind sieben sowjetische Armeen vernichtet worden. Die Panzergruppe 1 zerschlug dann, zusammen mit der 11. Armee, in der Schlacht am Asowschen Meer erneut zwei sowjetische Armeen und kämpfte sich danach bis Stalino im Donezgebiet und Rostow am Don vor, wo ihr Vormarsch als Folge der plötzlich einsetzenden Schlammperiode sein Ende fand.

Bei der Sommeroffensive 1942 stieß der jetzt 1. Panzerarmee genannte Verband in das Erdölgebiet des Kaukasus vor, konnte angesichts sowjetischen Widerstandes und als Folge der Tatsache, daß er Truppen an die im Raum von Stalingrad kämpfende Heeresgruppe B abgeben mußte, aber nicht mehr Baku am Kaspischen Meer erreichen. Im September übernahm Generaloberst von Kleist den Oberbefehl über die Heeresgruppe A mit der im Kaukasus kämpfenden 1. Panzerarmee und der 17. Armee. Als die im Raum Stalingrad eingesetzte 6. Armee im November 1942 eingeschlossen wurde und Ende Januar 1943 kapitulieren mußte, zudem ein sowjetischer Vorstoß zum Asowschen Meer die im Kaukasus stehenden deutschen Truppen einzuschließen drohte, mußte die Heeresgruppe A über den Don zurückgenommen werden. Von Kleist, am 1. Februar 1943 zum Generalfeldmarschall befördert, führte diesen Rückzug ohne Verluste durch und bezog mit seinen Verbänden bis Ende März 1943 neue Stellungen in der Ukraine zwischen Charkow und Taganrog, mußte jedoch vor ständigen Angriffen der Roten Armee auf den Dnjepr zurückweichen und schließlich die Kämpfe westlich des Stroms fortsetzen. Am 30. März 1944 wurde Generalfeldmarschall von Kleist durch Generaloberst Schörner abgelöst. Nach Kriegsende verhafteten ihn die Amerikaner und lieferten ihn 1946 an Jugoslawien aus, von da kam er in sowjetische Gefangenschaft, in der er 1954 starb.

Generaloberst **Hans Günther von Kluge** stieß am 1. September 1939 mit seiner in Ostpommern aufmarschierten 4. Armee in den polnischen Korridor vor, vereinigte sich dort mit dem Panzerkorps Guderian, vernichtete die feindlichen Streitkräfte in der Tucheler Heide und rückte dann auf die Festung Modlin nordwestlich von Warschau vor. Der rechte Flügel der 4. Armee beteiligte sich anschließend an der Einschließung und Vernichtung der auf dem westlichen Weichselufer stehenden Hauptmasse der polnischen Streitkräfte.

Im Frankreichfeldzug durchbrach seine im Raum südwestlich von Bonn bereitgestellte 4. Armee die belgischen Sicherungen, erreichte bei Dinant die Maas und nahm dann an der Einschließung der britischen und französischen Verbände um Dünkirchen teil. Nach der Umgruppierung der deutschen Verbände und Wiederaufnahme ihrer Offensive folgte die 4. Armee vordringenden Panzerverbänden zum Unterlauf der Seine, rückte dann weiter auf die Loire vor und besetzte mit Teilen die Halbinsel Cotentin und die Bretagne. Nach Ende des Feldzugs wurde von Kluge zum Generalfeldmarschall befördert.

Generalfeldmarschall Günther von Kluge nimmt an der Ostfront eine Meldung entgegen.

Im Ostfeldzug nahm die 4. Armee im Verband der Heeresgruppe Mitte an der Vernichtung der sowjetischen Heeresgruppe Timoschenko in den Kesselschlachten bei Bialystok und Minsk teil, verfolgte dann die Rote Armee bis in den Raum Smolensk und ging östlich von Jelnja zur Verteidigung über. Im Zusammenwirken mit der 9. Armee vernichtete sie danach starke sowjetische Verbände bei Wjasma und Brjansk und drang weiter nach Moskau vor, wo der Angriff auf die sowjetische Hauptstadt liegenblieb und die Front angesichts starker sowjetischer Gegenangriffe zurückgenommen werden mußte. Während dieser Rückzugsgefechte übernahm Generalfeldmarschall von Kluge den Oberbefehl über die Heeresgruppe Mitte. Durch eine Frontverkürzung gelang es ihm, den Zusammenhalt der Heeresgruppe zu bewahren und im Jahr 1942 seine Linien gegen sowjetische Angriffe zu halten. Im Juli 1943 scheiterte eine deutsche Offensive mit dem Ziel, einen sowjetischen Frontvorsprung um Kursk durch einen Vorstoß der Heeresgruppe Mitte aus dem Raum Orel nach Süden und einen Angriff der Heeresgruppe Süd aus dem Raum Bjelgorod nach Norden abzuschneiden. Die Rote Armee ging darauf zum Gegenangriff über und drängte auch die Heeresgruppe Mitte nach Westen zurück. Generalfeldmarschall von Kluge verunglückte im November 1943 bei einem Autounfall schwer und wurde durch Generalfeldmarschall Busch abgelöst. Im Juli 1944 folgte von Kluge Generalfeldmarschall Gerd von Rundstedt als Oberbefehlshaber West, konnte jedoch den Zusammenbruch der deutschen Front in der Normandie und den Vorstoß anglo-amerikanischer Verbände in das Innere Frankreichs nicht verhindern.

Im Stab der Heeresgruppe Mitte hatte Oberst i.G. von Tresckow von Kluge über die Existenz einer Widerstandsgruppe in Deutschland unterrichtet und ihn davon überzeugt, daß Adolf Hitler durch ein Attentat getötet werden müsse. Von Kluge hatte diesem Plan zugestimmt und war auch davon unterrichtet, daß der Anschlag bei einem Besuch Adolf Hitlers im Stab der Heeresgruppe Mitte durchgeführt werden sollte. Zufälle verhinderten den angestrebten Erfolg. Als am 20. Juli 1944 ein Sprengstoffattentat auf Hitler verübt worden war und es schien, er sei getötet worden, forderten Teilnehmer an der Verschwörung von Kluge auf, den Krieg in Frankreich zu beenden. Von Kluge war jedoch schon vom Scheitern der Aktion unterrichtet und lehnte den Vorschlag deshalb ab, mußte jedoch damit rechnen, daß seine Verbindung zu den Verschwörern aufgedeckt würde. Er nahm sich deshalb durch Gift das Leben.

Bei Ausbruch des Polenfeldzugs befehligte General **Georg von Küchler** die 3. Armee, die im Verband der Heeresgruppe Nord mit ihrem rechten Flügel in den polnischen Korridor vordrang, aus dem Aufmarschraum um Neidenburg in den Raum Modlin angriff, mit ihrem linken Flügel Warschau umfaßte und östlich der polnischen Hauptstadt auf Brest-Litowsk vorstieß. Dabei war die stark befestigte polnische Mlawa-Stellung zu durchbrechen. Im Verlauf der Kämpfe riegelte die 3. Armee Warschau ab und wies Ausbruchsversuche der Polen zurück. General von Küchler wurde für diese Erfolge am 1. Oktober 1939 mit dem Ritterkreuz ausgezeichnet.

Im Westfeldzug brach die 3. Armee nach fünftägigem harten Kampf den Widerstand der holländischen Truppen und nahm am 14. Mai deren Kapitulation entgegen. Anschließend besetzte sie Paris und verfolgte französische Truppen über die Loire bis zum Atlantik. Am 19. Juli 1940 wurde von Küchler zum Generaloberst befördert.

Am 22. Juni 1941 griff die von Küchler befehligte 18. Armee aus dem Aufmarschgebiet um Memel die sowjetischen Verbände im Baltikum an, eroberte Riga, besetzte die Hafenstädte Libau und Windau, säuberte Lettland und Estland und belagerte danach das von seiner Landverbindung zum sowjetisch gehaltenen Gebiet abgeschnittene Leningrad. Im Januar 1942 übernahm von Küchler den Oberbefehl über die Heeresgruppe Nord und wurde zum Generalfeldmarschall befördert. Bis zum Januar 1944 war die Kampftätigkeit im Nordabschnitt der Ostfront geringer als im Bereich der Heeresgruppen Mitte und Süd, weshalb Generalfeldmarschall von Küchler zahlreiche Verbände an bedrohte Frontabschnitte abgeben mußte. Daher war die Heeresgruppe Nord nicht mehr stark genug, um einen sowjetischen Großangriff auf ihre Stellungen im Januar 1944 abzuwehren. Sie mußte sich auf die Grenze des Baltikums zurückziehen. Am 1. Februar 1944 wurde Generalfeldmarschall von Küchler abgelöst. 1945 von den Amerikanern verhaftet, wurde er von ihnen wegen „kriegsvorbereitender Maßnahmen" des Oberkommandos der Wehrmacht zu 20 Jahren Haft verurteilt; 1952 wurde er freigelassen.

Generaloberst **Wilhelm Ritter von Leeb** hatte ab Herbst 1939 das Oberkommando über die Heeresgruppe C, die im Westen die Grenze zwischen Luxemburg und der Schweiz decken sollte. Als am 10. Mai 1940 die Heeresgruppen A und B durch Holland und Belgien nach Frankreich eindrangen, blieben die beiden von Leeb unterstellten Armeen in ihren Stellungen und banden durch

Scheinangriffe starke Kräfte des Gegners. Erst als sich Mitte Juni die französischen Truppen in Nordostfrankreich schon auf dem Rückzug und in voller Auflösung befanden, durchbrachen die Armeen von Leebs die Befestigungen der Maginot-Linie, überschritten den Oberrhein und schalteten in Elsaß-Lothringen die 2. Französische Heeresgruppe aus. 700.000 Franzosen gingen in Gefangenschaft. Generaloberst von Leeb wurde mit dem Ritterkreuz ausgezeichnet und am 19. Juli 1940 zum Generalfeldmarschall befördert.

Im Ostfeldzug führte Generalfeldmarschall von Leeb die Heeresgruppe Nord mit der 16. und 18. Armee und der Panzergruppe 4. Seine Verbände eroberten das Baltikum, wobei sie 300.000 Gefangene machten, unterbrachen die Landverbindung zwischen Leningrad und dem sowjetischen Hinterland und verteidigten im Winter 1941/42 die Front zwischen Ladogasee und den Waldaihöhen gegen schwere Angriffe der Roten Armee. Unter Berufung auf seinen Gesundheitszustand beantragte Generalfeldmarschall von Leeb seine Abberufung vom Oberkommando der Heeresgruppe Nord und übergab am 13. Januar 1942 den Oberbefehl an Generalfeldmarschall von Küchler. 1945 wurde er von den Amerikanern verhaftet und im Oktober 1948 von ihnen unter einer falschen Anschuldigung zu einer dreijährigen Gefängnisstrafe verurteilt.

Generaloberst **Wilhelm List** befehligte die 14. Armee, die im Sommer 1939 in der mit Deutschland verbündeten Slowakei aufmarschiert war und am 1. September 1939 beiderseits der Hohen Tatra auf Rawa-Russka und Lemberg vorstieß.

Im Frankreichfeldzug führte er die 12. Armee, die im Raum nördlich von Trier aufmarschiert war, bei Sedan die Maginot-Linie durchbrach, dann nach Süden einschwenkte und über die Argonnen und das Plateau von Langres die Schweizer Grenze erreichte. Das war die Voraussetzung für die Ausschaltung der französischen Truppen, die in und hinter der Maginot-Linie standen. Der Generaloberst wurde am 19. Juli 1940 zum Generalfeldmarschall befördert. Im April 1941 kommandierte er die 12. Armee, die auf dem Balkan gegen jugoslawische, griechische und britische Truppen eingesetzt wurde, um dort die Errichtung einer von Churchill angestrebten Balkanfront zwischen Jugoslawien, Griechenland und der Türkei gegen Deutschland zu verhindern. Nach kurzem Kampf kapitulierte Jugoslawien. Nach der Überwindung der stark befestigten Metaxas-Linie an der bulgarisch-griechischen Grenze, dem deutschen Vorstoß vom jugoslawischen Monastir durch Zentralgriechenland nach Athen, der Umfassung ihrer Truppen in Nordwestgriechenland und der Besetzung des Peloponnes gaben auch die Griechen auf. Den Engländern gelang es nur mit größter Mühe, 50.000 ihrer 62.000 Soldaten zu evakuieren. Sie verloren dabei auch 20 Schiffe durch Luftangriffe.

Wilhelm Ritter von Leeb (1876–1956) durchbrach 1940 die als uneinnehmbar geltende Maginot-Linie. Hierfür wurde er mit dem Ritterkreuz ausgezeichnet und zum Generalfeldmarschall befördert.

Im Sommer 1942 nach längerer Krankheit wieder verwendungsfähig, übernahm Generalfeldmarschall List den Oberbefehl über die Heeresgruppe A, die mit der Eroberung des Kaukasus beauftragt worden war. Nach kurzer Zeit gab er die Führung der Heeresgruppe jedoch an Generalfeldmarschall von Kleist ab. Nach Ende des Zweiten Weltkrieges verurteilten die Amerikaner ihn zu einer lebenslänglichen Freiheitsstrafe, aus der er 1952 entlassen wurde.

Im August 1939 wurde in Schlesien die Heeresgruppe Süd aus der 8., 10. und 14. Armee gebildet und Generaloberst Gerd von Rundstedt unterstellt, sein Generalstabschef wurde Generalleutnant **Erich von Manstein**.

Gemeinsam führten sie die Angriffe ihrer Armeen, die zur Einschließung und Vernichtung der im Raum Posen stehenden polnischen Streitkräfte, zur Eroberung Warschaus, zur Vernichtung polnischer Kräftegruppen bei Radom und Tomaszow, schließlich zum Zusammentreffen mit Einheiten der Heeresgruppe Nord am Bug und somit zur Einschließung der östlich der Weichsel stehenden polnischen Verbände führten.

Als Stabschef der von Rundstedt geführten Heeresgruppe A im Mittelteil der Westfront entwarf von Manstein 1940 einen Angriffsplan, der vom Oberkommando des Heeres abgelehnt, jedoch von Adolf Hitler angenommen und später als „Sichelschnitt" bezeichnet wurde. Die späteren Operationen verliefen wie von General von Manstein vorgesehen. Nach dem Einmarsch deutscher Truppen in den Niederlanden und Belgien am 10. Mai 1940 rückten französische und britische Truppen in Belgien ein, während die Panzerkorps der Heeresgruppe A, vom Gegner nicht erwartet, durch die unwegsamen Ardennen in nordwestlicher Richtung zur Kanalküste vorstießen, damit die feindlichen Kräfte in Belgien einschlossen und im Raum Dünkirchen zusammendrängten. Von Manstein führte in diesem Kampf als Kommandierender General das 38. Korps, mit dem er später über die Seine bis zur Loire vorstieß. Nach dem Frankreichfeldzug wurde er zum General der Infanterie befördert und mit dem Ritterkreuz ausgezeichnet.

Im Februar 1941 übernahm von Manstein das Kommando über das 56. Panzerkorps, mit dem er nach Beginn des Ostfeldzugs in das Baltikum vorstieß, bereits nach vier Tagen die Düna überschritt und dann am Ilmensee die 16. Armee aus einer schwierigen Lage befreite. Im September übernahm er anstelle des tödlich verunglückten Generalobersten von Schobert das Kommando über die 11. Armee, die im Verband der Heeresgruppe Süd kämpfte. Von Manstein eroberte mit ihr bis zum 16. November 1941 die Krim mit Ausnahme der Festung Sewastopol und verteidigte die Halbinsel, am 1. Januar 1942 zum Generalobersten befördert, gegen sowjetische Landungsunternehmen. Zwischen dem 7. Juni und dem 1. Juli 1942 eroberte die 11. Armee Sewastopol und säuberte dann auch den Rest der Krim von sowjetischen Truppen. Zum Generalfeldmarschall befördert, wehrte von Manstein danach mit der in den Raum Leningrad verlegten 11. Armee starke Angriffe der Sowjets südlich des Ladogasees ab. Im November 1942 übernahm er den Oberbefehl über die neuaufgestellte Heeresgruppe Don mit dem Auftrag, die in Stalingrad eingeschlossene 6. Armee zu befreien. Angesichts der sowjetischen Überlegenheit erreichte der Entsatzangriff sein Ziel aber nicht.

Im Januar und Februar 1943 durchbrach die Rote Armee die von italienischen, rumänischen und ungarischen Divisionen gehaltenen Stellungen am Don und versuchte, durch einen Vorstoß zum Asowschen Meer die im Kaukasus eingesetzten und am Donez kämpfenden deutschen Verbände einzukesseln. Generalfeldmarschall von Manstein schlug die Sowjets mit den in der neugebildeten Heeresgruppe Süd zusammengefaßten deutschen Divisionen in der Ostukraine unter schwierigsten Bedingungen, eroberte im März Charkow zurück und stellte den Frontverlauf wieder her, wie er vor Beginn der deutschen Sommeroffensive im Juli 1942 bestanden hatte. Die Verluste der deutschen und verbündeten Streitkräfte im Südabschnitt der Ostfront im Winter 1942/43 waren erheblich, aber auch die Sowjets hatten starke Einbußen zu verzeichnen. Generalfeldmarschall von Manstein erhielt nach Abschluß der Winterkämpfe das Eichenlaub zum Ritterkreuz.

Im Juli 1943 unternahm das Ostheer den Versuch, einen weit nach Westen vorspringenden sowjetischen Frontbogen um Kursk durch Einheiten der Heeresgruppe Mitte von Norden und der Heeresgruppe Süd von Süden her abzuschneiden. Dieses sogenannte „Unternehmen Zitadelle" mußte nach erheblichen Anfangserfolgen und trotz schwerer sowjetischer Verluste abgebrochen werden, weil die Landung anglo-amerikanischer Truppen auf Sizilien die Verlegung von Angriffsdivisionen nach Italien erforderlich machte. Die Rote Armee ging nun ihrerseits zur Offensive über, drängte die Heeresgruppe Süd auf den Dnjepr zurück und überschritt an mehreren Stellen den Strom. Im Februar und März 1944 gelang den Sowjets die Einschließung starker deutscher Verbände westlich von Tscherkassy und danach die der 1. Panzerarmee im Raum Kamenez-Podolsk. Es gelang Generalfeldmarschall von Manstein, seine Truppen durch die Einschließungsringe zu führen und wieder eine geschlossene Front zu bilden. Am 30. März 1944 wurde er, bei gleichzeitiger Verleihung der

Schwerter zum Eichenlaub, als Oberbefehlshaber der Heeresgruppe Süd abgelöst.

Nach dem Krieg wurde er von einem britischen Gericht zu einer Gefängnisstrafe von 18 Jahren verurteilt und 1953 aus dem Zuchthaus Werl entlassen. Er gilt heute als der bedeutendste Stratege des Zweiten Weltkrieges.

Generaloberst **Erhard Milch** war bei Kriegsausbruch Generalinspekteur der Luftwaffe und damit für deren Rüstung zuständig. Da er bis dahin alle damit verbundenen organisatorischen Probleme gemeistert und somit die 1939 stärkste und schlagkräftigste Luftwaffe der Welt geschaffen hatte, wurde er nach dem Frankreichfeldzug zum Generalfeldmarschall befördert. Er unternahm dann aber keine besonderen Anstrengungen, um mit einem neuen Luftwaffenbauprogramm den Vorsprung der deutschen Luftwaffe zu halten und auszubauen, so daß die britische Luftwaffe die deutsche überflügelte und schließlich die Luftherrschaft über Europa errang. Das war ein entscheidender Grund für die deutsche Niederlage im Zweiten Weltkrieg. Nach 1945 wurde Generalfeldmarschall Milch von den Amerikanern zu einer lebenslangen Freiheitsstrafe verurteilt, aus der er 1954 entlassen wurde. 1972 verstarb er.

Generalmajor **Walter Model** machte den Polenfeldzug als Chef des Generalstabs des IV. Armeekorps mit, das im Rahmen der 10. Armee von Schlesien aus angriff und bei Radom starke polnische Verbände einkesselte und vernichtete. Im Westfeldzug bewährte er sich als Chef des Generalstabs der von Generaloberst Busch geführten 16. Armee.

Im Rahmen der Heeresgruppe Mitte führte Generalleutnant Model im Ostfeldzug die Spitzendivision von Generaloberst Guderians Panzergruppe 2, mit der er an der Einschließung der sowjetischen Divisionen bei Bialystok und Minsk teilnahm und danach an den Oberlauf des Dnjepr vorrückte. Seine schnellen Vorstöße wurden mit der Verleihung des Ritterkreuzes am 9. Juli sowie mit der Beförderung zum General der Panzertruppen im Oktober 1941 gewürdigt. Im Januar 1942 durchbrachen starke sowjetische Kräfte westlich von Rshew an der Wolga die Stellungen der 9. Armee, stießen weit nach Süden vor und bedrohten die Autobahn von Minsk nach Moskau, über die der Nachschub für die Heeresgruppe Mitte lief. In dieser kritischen Situation übernahm General Model den Oberbefehl über die 9. Armee. Es gelang ihm, mit nur schwachen eigenen Kräften die Durchbruchslücke westlich von Rshew zu schließen, dadurch zwei sowjetische Armeen einzukesseln und drei Wochen lang alle Entsatzversuche von außen abzuwehren. Die 29. und 39. sowjetische Armee wurden größtenteils vernichtet, die Umfassung der Heeresgruppe Mitte durch Model verhindert; er erwarb sich damit das Eichenlaub zum Ritterkreuz.

Im Juli 1943 wurde die 9. Armee im Rahmen des „Unternehmens Zitadelle“ aus dem Raum Orel zum Vorstoß auf Kursk angesetzt

Generalfeldmarschall Walter Model – hier im Gespräch mit Soldaten – gelang es im Winter 1944/45 mit seiner Heeresgruppe B nicht mehr, den Vormarsch der Westalliierten an der Invasionsfront aufzuhalten.

und war 18 Kilometer tief in die sowjetischen Verteidigungsstellungen eingedrungen, als die Offensive abgebrochen wurde. Generaloberst Model mußte mit seinen Truppen auf die Dnjepr-Linie zurückgehen. Als im Januar 1944 die Heeresgruppe Nord aus dem Raum Leningrad zurückgedrängt wurde, übernahm Model ihre Führung und baute an der Grenze Estlands eine neue Front auf. Aber schon im März 1944 wurde ihm die Führung der Heeresgruppe Ukraine (der früheren Heeresgruppe Süd) übertragen, und wiederum gelang es ihrem zum Generalfeldmarschall beförderten Oberbefehlshaber, die zurückweichenden Divisionen in Ostgalizien und im Karpatenvorland in eine zusammenhängende Front einzugliedern und den Vormarsch der Roten Armee aufzuhalten.

Als im Juni 1944 die sowjetischen Armeen den größten Teil der Heeresgruppe Mitte einschlossen und vernichteten, übernahm Generalfeldmarschall Model den Oberbefehl auch über ihre zerschlagenen Reste und konnte mit ihnen noch vor der ostpreußischen Grenze eine neue Abwehrfront aufbauen. In Würdigung seiner Verdienste wurde er am 17. August 1944 mit den Brillanten zum Eichenlaub mit Schwertern zum Ritterkreuz ausgezeichnet und am selben Tag zum Oberbefehlshaber West ernannt.

Es gelang Generalfeldmarschall Model angesichts der feindlichen Überlegenheit an Menschen und Material jedoch nicht mehr, die zusammengebrochene Invasionsfront zu stabilisieren und den Vormarsch der britischen und amerikanischen Truppen durch Frankreich noch vor der Reichsgrenze aufzuhalten. Auch die unter seiner Führung am 16. Dezember 1944 begonnene Ardennenoffensive, die in einem Stoß durch Belgien zur Kanalküste führen und dabei starke feindliche Kräfte von ihrem Hinterland abschneiden sollte, scheiterte an der feindlichen Übermacht. Generalfeldmarschall Model wurde danach mit den von ihm befehligten Divisionen der Heeresgruppe B über den Rhein zurückgedrängt und im April 1945 im Ruhrgebiet eingeschlossen. Um nicht in feindliche Gefangenschaft zu geraten, erschoß er sich am 21. April 1945 in einem Wald bei Duisburg.

Zu Beginn des Zweiten Weltkrieges war Generalmajor **Friedrich Paulus** Chef des Generalstabs der 10. Armee unter dem Oberbefehl von Generaloberst Walter von Reichenau. Sie war vor allem aus Panzerverbänden und schnellen Einheiten gebildet, stieß aus dem Raum um Kreuzberg in Oberschlesien in nordöstlicher Richtung nach Warschau vor und erreichte die polnische Hauptstadt bereits nach acht Tagen. Mit ihrem rechten Flügel drang die Armee über Radom bis zur Weichsel vor und schnitt damit den bei Warschau stehenden polnischen Verbänden den Rückzug in südöstlicher Richtung ab. Der draufgängerische Oberbefehlshaber und sein gewissenhaft und methodisch arbeitender Generalstabschef ergänzten sich nicht weniger auch im Westfeldzug, wo die nun als 6. bezeichnete Armee die belgischen Grenzbefestigungen im Raum Lüttich und den stark verteidigten Albert-Kanal überwand und die britischen und französischen Truppen in dem Augenblick zerschlug, in dem sie sich bereitstellten, den Belgiern zu Hilfe zu kommen.

Nach dem Westfeldzug wurde Paulus Oberquartiermeister I im Generalstab des Heeres, weil Generalstabschef von Halder für diese Position einen Offizier suchte, der Erfahrungen mit der Panzertaktik hatte. Paulus entwickelte ab Sommer 1940 Pläne für einen Angriff der Wehrmacht auf die Sowjetunion, deren Verhalten, Aufrüstung und Truppenkonzentration eine Auseinandersetzung mit dem Deutschen Reich immer wahrscheinlicher machten. Als in der Winterschlacht 1941/42 Generalfeldmarschall von Rundstedt den Oberbefehl über die Heeresgruppe Süd an Generalfeldmarschall von Reichenau abgab, wurde General der Panzertruppen Paulus Oberbefehlshaber der 6. Armee. Er schlug mit ihr bei Charkow die Truppen des sowjetischen Marschalls Timoschenko vernichtend und stieß dann auf Stalingrad an der Wolga vor. Am 21. August 1942 begann dort der Angriff auf die zur Festung ausgebaute und von der Roten Armee stark verteidigte Stadt. Die Kämpfe waren noch nicht beendet, als eine am 19. November begonnene Offensive der sowjetischen Streitkräfte die 6. Armee in Stalingrad einschloß. Die Truppe konnte nur unzureichend aus der Luft versorgt werden, und Entsatzangriffe scheiterten. Am 31. Januar 1943 wurde Paulus zum Generalfeldmarschall befördert und ging am selben Tag in sowjetische Gefangenschaft. Mit ihm kapitulierten 90.000 Soldaten seiner Armee, von denen nur etwa 6.000 nach Deutschland zurückkehrten.

Ab 8. August 1944 stellte sich Paulus der sowjetischen Propaganda zur Verfügung, hatte mit seinen Aufforderungen an die Soldaten der Ostfront zur Beendigung des Krieges jedoch keinen Erfolg. 1946 sagte er als Zeuge der Anklage im Nürnberger sogenannten Kriegsverbrecherprozeß aus, um „Beweismaterial für die Schuld der Kriegsverbrecher" zu unterbreiten. 1953 siedelte er aus der Sowjetunion nach Dresden über, agitierte von dort für eine „friedliche Zukunft eines geeinten demokratischen Deutschlands" und nahm eine Lehrtätigkeit über Kriegskunst an der Hochschule für Offiziere der Kasernierten Volkspolizei auf. 1957 verstarb er.

Die von General **Walter von Reichenau** befehligte 10. Armee führte beim Angriff auf Polen im September 1939 den Hauptstoß. Sie war mit 13 Divisionen, darunter zwei Panzer- und fünf motorisierten Divisionen, die kampfkräftigste Armee des deutschen Heeres und daher in der Lage, nicht nur die polnische Hauptstadt nach wenigen Tagen zu erreichen, sondern konnte auch einen großangelegten polnischen Angriff in die offene Flanke der benachbarten 8. Armee abfangen und die dort eingesetzten feindlichen Verbände in der „Schlacht an der Bzura" mit einschließen und vernichten.

Im Westfeldzug hatte die 6. Armee den engen Abschnitt zwischen Lüttich und Roermond zu durchbrechen, wo vor allem das 1935 erbaute Fort Eben Emael ein durch Infanterieangriff nicht zu eroberndes Hindernis bildete. Die Festung konnte jedoch durch den Angriff von 78 Pionieren ausgeschaltet werden, die auf dem Fort in Lastenseglern landeten und mit hochexplosiven Ladungen seinen Beobachtungsstand, die Ausfallpforten aus den Kasematten und die Geschützmündungen sprengten. Am Abend des ersten Angriffstages hatte die 6. Armee den zwischen Maastricht und Antwerpen verlaufenden, schwer zu nehmenden Albert-Kanal auf breiter Front überschritten und folgte den belgischen Divisionen, die nicht mehr zu einer geordneten Verteidigung übergehen konnten. Auch vom Angriff der 6. Armee völlig überraschte französische Verbände waren dazu nicht in der Lage. Am 28. Mai 1940 kapitulierte Belgien, die 6. Armee ging zum Angriff auf die bei Dünkirchen eingeschlossenen britischen und französischen Verbände über, durchbrach nach Wiederaufnahme der deutschen Offensive am 5. Juni beiderseits der Oise die französischen Verteidigungslinien, drehte dann nach Südosten ab und erreichte die Rhone zwischen Lyon und Genf. Die gewaltigen Festungswerke der Maginot-Linie an der französischen Ostgrenze wurden so im Rücken umfaßt und zur Kapitulation gezwungen, obwohl sie gar nicht angegriffen wurden. Am 19. Juli 1940 wurde von Reichenau, damals 56 Jahre alt, zum jüngsten Generalfeldmarschall der neueren deutschen Geschichte befördert.

Im Ostfeldzug kämpfte die 6. Armee im Rahmen der Heeresgruppe Süd, war entscheidend an den weiträumigen Umfassungsschlachten bei Uman und Kiew beteiligt und stieß dann in die Ostukraine vor. Als Generalfeldmarschall Gerd von Rundstedt seine Ablösung vom Oberbefehl über die Heeresgruppe Süd beantragte, wurde Generalfeldmarschall von Reichenau am 30. November 1941 sein Nachfolger. Er hatte nun seine Front gegen eine Winteroffensive der Roten Armee zu halten, die stellenweise zur Aufgabe vorgeschobener Positionen zwang. Völlig unerwartet starb der Generalfeldmarschall am 17. Januar 1942 an den Folgen eines Schlaganfalls.

Während des Polenfeldzugs führte General **Wolfram Freiherr von Richthofen** ein neuaufgestelltes Nahkampf-Fliegerkorps, mit dem er 1940 auch den Angriff des Heeres auf die belgischen Verteidigungsanlagen in den Ardennen und an der Maas wirksam unterstützte. Es folgten Luftangriffe auf die eingeschlossenen feindlichen Kräfte im Raum Dünkirchen und im Frühjahr 1941 auf die Nachschubstraßen und Landungshäfen des britischen Expeditionskorps in Griechenland. Während der Landung deutscher Fallschirmjäger auf Kreta Ende Mai 1940 griffen die Sturzkampfverbände General von Richthofens britische Stellungen auf der Insel an, konnten die feindliche Abwehr aber nicht völlig ausschalten. Die eigenen Verluste, aber auch die des Gegners waren erheblich.

Das von General der Flieger von Richthofen befehligte VIII. Fliegerkorps hatte auch hervorragenden Anteil an den Erfolgen der Wehrmacht in den Kämpfen bei Uman, Wjasma und Brjansk. Freiherr von Richthofen wurde dafür am 1. Februar 1942 zum Generaloberst befördert. Auch zur Eroberung der Festung Sewastopol leistete er mit seinen Maschinen einen wichtigen Beitrag. Von Richthofen übernahm danach als Oberbefehlshaber die Luftflotte 4 und kämpfte mit ihr im Raum Leningrad und dann vor Stalingrad, wo seine Verbände den Vormarsch der

6. Armee unterstützten. Als Stalingrad eingeschlossen wurde, übernahm Generaloberst von Richthofen die Versorgung der Truppe durch die Luft, ihm standen dafür aber zu wenige Maschinen zur Verfügung. Ab Juni 1943 deckte er, zum Generalfeldmarschall befördert, als Oberbefehlshaber der Luftflotte 2 den schrittweisen Rückzug der deutschen Truppen aus Italien mit etwa 300 Flugzeugen, denen 4.000 bis 5.000 feindliche gegenüberstanden. Im Herbst 1944 erkrankte er an einem Gehirntumor und legte den Oberbefehl nieder; im Juni 1945 starb er.

Generalfeldmarschall Erwin Rommel beim Kartenstudium während der Invasionsschlacht 1944 in Frankreich.

Generalmajor **Erwin Rommel** kommandierte 1939 das Führerbegleitbataillon, das Adolf Hitler bei seinen Frontfahrten im Polenfeldzug begleitete. Im Westfeldzug durchbrach die von ihm geführte, zur 4. Armee eingeteilte 7. Panzerdivision die feindlichen Verteidigungslinien im Raum Lüttich und nahm nach einem Vormarsch durch das südliche Belgien an der Einschließung der britischen und französischen Streitkräfte um Dünkirchen teil. Sein schnelles Vorgehen brachte seinem Verband den Namen „Gespensterdivision" ein. Bis zum Waffenstillstand am 22. Juni 1940 verfolgte er die zurückweichenden feindlichen Kräfte nach Süden und Westen weiter. Nach Ende der Kampfhandlungen wurde er mit dem Ritterkreuz ausgezeichnet und zum Generalleutnant befördert.

Angesichts der vollständigen Niederlage der britischen und französischen Truppen in Frankreich erklärte Italien, das sich im September 1939 trotz gegenüber Deutschland eingegangener Bündnisverpflichtungen zur Teilnahme am Krieg außerstande gesehen hatte, den Westmächten am 10. Juni 1940 den Krieg. Am 13. September 1940 ließ Mussolini seine Truppen aus der italienischen Kolonie Libyen die britischen Truppen in Ägypten angreifen. Deren Gegenangriff fügte den Italienern jedoch schon nach kurzer Zeit eine schwere Niederlage zu, und sie baten daher um deutsche Hilfe. Das darauf nach Nordafrika entsandte deutsche Afrika-Korps wurde von Rommel geführt. Es gelang ihm, den weit nach Westen vorgestoßenen britischen Verbänden hohe Verluste zuzufügen und sie bis an die Grenze Ägyptens zurückzuwerfen, wofür er zum Generaloberst befördert und mit den Schwertern zum Eichenlaub des Ritterkreuzes ausgezeichnet wurde. Im Herbst 1942 hatte sich der Feind jedoch – während gleichzeitig Nachschub für die deutschen Truppen nur noch in geringen Mengen eintraf – so verstärkt, daß eine am 23. Oktober 1942 begonnene britische Offensive die deutschen und italienischen Verbände zum Rückzug zwang. Im November 1942 landeten außerdem britische und amerikanische Verbände in Algerien und bedrohten durch ihren Vormarsch nach Osten das Afrika-Korps im Rücken. Rommel, am 11. März 1943 zum Generalfeldmarschall befördert und mit den Brillanten zum Eichenlaub mit Schwertern ausgezeichnet, gab am selben Tag den Oberbefehl über das Afrika-Korps ab, das im Mai 1943 in Tunesien kapitulieren mußte.

Nach einer kurzfristigen Kommandierung nach Italien wurde Rommel der Oberbefehl über die Heeresgruppe B in Frankreich übertragen, wo am 6. Juni 1944 die Invasion der Anglo-Amerikaner in der Normandie begann. Die materielle und personelle Überlegenheit der feindlichen Streitkräfte, insbesondere deren Luftüberlegenheit machte die Verteidigung immer schwerer. In dieser Lage und unter dem Einfluß von Widerstandskreisen war Rommel dazu bereit, befehlswidrig den Anglo-Amerikanern einen Waffenstillstand anzubieten. Bevor es dazu kam, wurde er aber bei einem feindlichen Jagdbomberangriff schwer verletzt und verlor dadurch sein Kommando. Als die Untersuchungen des Attentats vom 20. Juli 1944 Rommels Mitwisserschaft ergaben, wurde er vor die Alternative gestellt, sich entweder das Leben zu nehmen oder vor den Volksgerichtshof gestellt zu werden. Er starb am 14. Oktober 1944 durch Einnahme von Gift.

Generalfeldmarschall Gerd von Rundstedt (Mitte) bei einem Besuch im Hauptquartier von General der Panzertruppen Hermann Balck (links) im Frühjahr 1945 vor Budapest.

Generaloberst **Gerd von Rundstedt** führte mit großem Erfolg die Heeresgruppe Süd im Polenfeldzug, die mit ihrer 8., 10. und 14. Armee an der Einschließung und Vernichtung der feindlichen Streitkräfte an der Bzura westlich von Warschau, dem Vorstoß auf die polnische Hauptstadt und durch Südpolen bis an den Bug wesentlich an der schnellen Beendigung des Feldzugs beteiligt war.

Planmäßig verlief auch im Westfeldzug der Angriff der von Generaloberst von Rundstedt geführten Heeresgruppe A von der belgischen Ostgrenze an die Nordostgrenze Frankreichs und von da zur Kanalküste, wodurch das britische Expeditionskorps und die kampfkräftigsten Verbände der französischen Armee bei Dünkirchen von ihrem Hinterland abgeschnitten wurden. Nach der Neuordnung seiner Divisionen griff von Rundstedts Heeresgruppe in der Champagne an, durchbrach den französischen Sperrriegel an der Aisne, schwenkte dann nach Osten ein und schloß die feindlichen Verbände in der Maginot-Linie ein. Am 19. Juli 1940 wurde Generaloberst von Rundstedt zum Generalfeldmarschall befördert.

Im Ostfeldzug befehligte er die Heeresgruppe Süd, die am 22. Juni 1941 mit drei Armeen und einer Panzergruppe den Kampf gegen die in der Ukraine aufmarschierte Heeresgruppe des sowjetischen Marschalls Budjonny aufnahm. Trotz heftigen Widerstands wurde die Rote Armee westlich des Dnjepr geschlagen und Anfang August 1941 in einem Kessel bei Uman die Masse der sowjetischen 6. und 12. Armee vernichtet. Aus einem Brückenkopf am Ostufer des Dnjepr bei Krementschug griff die der Heeresgruppe Süd unterstellte Panzergruppe 1 des Generalobersten von Kleist nach Norden an, vereinigte sich am 16. September mit der über die Desna nach Süden vorstoßenden Panzergruppe 2 des Generalobersten Guderian und vollendete damit die Einschließung von sieben ostwärts Kiew stehenden sowjetischen Armeen. Damit war auch der Weg frei für einen schnellen Vorstoß der Heeresgruppe Süd nach Charkow, ins Donezbecken, auf die Krim und entlang des Asowschen Meeres bis nach Rostow am Don, das die vorgestoßenen Verbände allerdings nach kurzer Zeit wieder aufgeben mußten, um auf eine verkürzte Frontlinie zurückzugehen. Für kurze Zeit wurde Generalfeldmarschall von Rundstedt in die Führerreserve versetzt und am 1. März 1942 zum Oberbefehlshaber West in Frankreich ernannt, wo eine Invasion der Alliierten erwartet wurde und Abwehrvorbereitungen zu treffen waren. Die anglo-amerikanischen Truppen wurden bei ihrer Landung in der Normandie am 6. Juni 1944 jedoch von so starken Luft- und Seestreitkräften unterstützt, daß sie mehrere Brückenköpfe bilden und trotz tapferer Gegenwehr der deutschen

Verteidiger ausweiten konnten. Nach vierwöchigen, immer aussichtsloser werdenden Kämpfen in der Normandie wurde Generalfeldmarschall von Rundstedt durch Generalfeldmarschall von Kluge abgelöst.

Als sich nach der weitgehenden Eroberung Frankreichs durch die Westalliierten deren

Generalfeldmarschall Ferdinand Schörner (links) in den letzten Kriegstagen an der Ostfront. Er hielt seine Frontabschnitte auch unter härtestem Ansturm der Roten Armee.

Vormarsch verlangsamte, plante Adolf Hitler eine Gegenoffensive mit dem Ziel, aus dem Raum südlich von Aachen mit zwei Panzerarmeen und einer Armee durch die Ardennen nach Westen bis in den Raum Antwerpen vorzustoßen und alle nördlich dieser Frontlinie stehenden alliierten Divisionen zu vernichten. Das hätte einen Vorstoß von 200 Kilometern bedeutet. Generalfeldmarschall von Rundstedt wurde wieder Oberbefehlshaber West und führte zusammen mit Generalfeldmarschall Model die Bereitstellung der Angriffsarmeen so gut getarnt durch, daß der Feind von der am 16. Dezember 1944 beginnenden Offensive völlig überrascht wurde. Den angreifenden Divisionen gelangen tiefe Einbrüche in die Front der Alliierten, aber Betriebsstoffmangel und feindliche Luftüberlegenheit führten schon nach wenigen Tagen zum Stillstand und schließlich zum Abbruch der Operationen.

Bis 1949 war Generalfeldmarschall von Rundstedt in britischer Kriegsgefangenschaft, 1953 ist er gestorben.

Oberst **Ferdinand Schörner** eroberte mit seinem Gebirgsjäger-Regiment 98 im Polenfeldzug Lemberg und verteidigte die Stadt dann gegen heftige polnische Angriffe. Zum Generalmajor wurde er befördert, nachdem er im Frankreichfeldzug mit der neuaufgestellten 6. Gebirgsdivision die Vogesen durchstoßen hatte. Im April 1941 überwand er die von den Griechen stark ausgebaute Metaxas-Linie und verfolgte dann die griechischen und britischen Truppen bis in den Raum von Athen. Seine Division hißte auf dem Olymp und auf der Akropolis die Reichskriegsflagge.

Mit dem Ritterkreuz ausgezeichnet, kämpfte er im Ostfeldzug mit seiner Division und später mit dem XIX. Gebirgskorps an der Murmansk-Front und hielt, zum Generalleutnant und danach zum General der Gebirgstruppen befördert, seine Stellungen auch gegen heftigste sowjetische Angriffe. Ab Oktober war er Oberbefehlshaber einer in der Ukraine kämpfenden Armeegruppe, die er in schwierigster Lage vor der Einschließung bewahrte. Als Oberbefehlshaber der Heeresgruppe Süd leitete er die Kämpfe auf der Krim, in Rumänien und in den Karpaten und wurde dann im Juli 1944 an einen neuen Brennpunkt der Ostfront geschickt, verteidigte als Oberbefehlshaber der Heeresgruppe Nord das Baltikum und später Kurland. Als dem 23. Soldat der deutschen Wehrmacht wurden Generaloberst Schörner am 1. Januar 1945 die Brillanten zum Eichenlaub mit Schwertern des Ritterkreuzes verliehen.

Eine am 11. Januar 1945 mit stärksten Kräften begonnene Offensive der Roten Armee zerschlug die deutsche Front an der Weichsel. Schörner wurde aus dem Baltikum abberufen, übernahm die weitgehend vernichtete Heeresgruppe Mitte und versuchte, mit wenigen noch einsatzfähigen Divisionen den nach Deutschland vorstoßenden Feind aufzuhalten, um der von Mord und Terror bedrohten Zivilbevölkerung die Flucht nach Westen zu ermöglichen. Es gelang ihm, den sowjetischen Vormarsch zu verlangsamen und damit vielen Menschen das Leben zu retten. Am 5. April 1945 wurde er als letzter Soldat der deutschen Wehrmacht zum Generalfeldmarschall befördert. Die Kapitulation am 8. Mai 1945 verhinderte, daß er seine Heeresgruppe vollständig in das bereits von den

Amerikanern besetzte Gebiet führen und sie damit vor sowjetischer Gefangenschaft bewahren konnte. Seine Truppen hatten ihre Stellungen aber so lange gehalten, daß der Roten Armee der geplante Vorstoß nach Bayern nicht gelang.

Seine Standhaftigkeit und seine Führungsleistungen hatten zur Folge, daß Adolf Hitler ihn in seinem politischen Testament vom 29. April 1945 zum Oberbefehlshaber des Heeres ernannte.

Am 15. Mai 1945 begab sich Schörner in amerikanische Kriegsgefangenschaft, wenige Tage später wurde er an die Sowjetunion ausgeliefert und war dort einer schweren Haft bis hin zu Folterungen ausgesetzt. 1955 kehrte er nach München zurück und wurde hier von einem deutschen Gericht zu einer viereinhalbjährigen Gefängnisstrafe verurteilt, weil er 1945 während des Rückzugs rechtswidrig Erschießungen von Soldaten befohlen haben sollte. Zwei Jahre lang war er darauf in Landsberg inhaftiert, bevor er wegen seines Gesundheitszustandes vorzeitig entlassen wurde. 1973 ist er gestorben.

Mit seiner Heeresgruppe Mitte hat Generalfeldmarschall Schörner Anfang 1945 etwa 1,6 Milionen Menschen die Flucht nach Westen ermöglicht.

Ab September 1939 übernahm General **Hugo Sperrle** mit der Luftflotte 3 den Schutz der Westfront gegen feindliche Einflüge. Im Westfeldzug errangen die ihm unterstellten Verbände, zusammen mit der Luftflotte 2, innerhalb kurzer Zeit die uneingeschränkte Luftherrschaft und zerschlugen französische Verteidigungsanlagen der Maginot-Linie und an der Aisne, in der Champagne und in den Argonnen. Vor allem ihre Sturzkampfbomber vom Typ Ju 87, die sich mit heulenden Sirenen nahezu senkrecht auf die feindlichen Stellungen stürzten und ihre Bomben punktgenau abwarfen, waren der Schrecken der Gegner. Am 19. Juli zum Generalfeldmarschall befördert, leitete Sperrle dann den Einsatz der Luftflotte 3 gegen die Britischen Inseln, der trotz aller Tapferkeit der Besatzungen nicht zu den erwarteten Ergebnissen führte. Die feindliche Luftüberlegenheit nahm in den folgenden Jahren derart zu, daß die Luftflotte 3 nur noch wenige Störangriffe auf England fliegen konnte. Am Tag ihrer Landung in der Normandie am 6. Juni 1944 konnte Sperrle nur noch 90 Bomber und 70 Jäger gegen die Alliierten einsetzen. Eine deutsche Luftwaffe existierte im Westen praktisch nicht mehr. Im September 1944 wurde Generalfeldmarschall Sperrle abgelöst. Von den Amerikanern wurde er 1945 verhaftet und in Nürnberg vor Gericht gestellt, jedoch nicht verurteilt. 1953 ist er gestorben.

Als Kommandierender General des XIII. Korps in Nürnberg nahm **Maximilian Reichsfreiherr von Weichs** am Einmarsch der Wehrmacht in Polen, als General und Oberbefehlshaber der 2. Armee am Westfeldzug teil, wo er im Rahmen der Heeresgruppe A durch Belgien nach Nordostfrankreich vorstieß, feindliche Stellungen an der Aisne gegen hartnäckigen Widerstand durchbrach und dann nach Osten einschwenkte, um die Maginot-Linie im Rücken zu umfassen. Nach dem Frankreichfeldzug zum Generaloberst befördert, stieß von Weichs am 10. April 1941 mit der in der Steiermark und in Ungarn aufmarschierten 2. Armee nach Jugoslawien vor. Der feindliche Widerstand war gering, weil die hier aufmarschierte jugoslawische 4. und die 7. Armee in der Mehrzahl aus Kroaten bestanden, die, ebenso wie die ortsansässige Bevölkerung, im deutschen Eingreifen eine Befreiung vom serbischen Joch sahen. Vielfach wurden die deutschen Truppen hier mit Jubel begrüßt, und bereits am 11. April 1941 wurde nach der Besetzung von Agram durch die 2. Armee hier ein unabhängiges Kroatien ausgerufen. Die 2. Armee konnte weitgehend ungehindert auf breiter Front nach Süden vorrücken. Der Feldzug endete am 17. April 1941 mit der bedingungslosen Kapitulation der jugoslawischen Armee.

Die 2. Armee kämpfte dann an der Ostfront im Rahmen der Heeresgruppe Mitte, zerschlug, zusammen mit der Panzergruppe 2, nach wochenlangen schweren Kämpfen bei Smolensk und Roslawl zwei sowjetische Armeen, die tief in den Rücken der Heeresgruppe Mitte vorgedrungen waren, und war dann an der Einschließung und Vernichtung der Heeresgruppe Budjonny östlich von Kiew beteiligt. Anschließend deckte Generaloberst von Weichs mit seinen Truppen die rechte Flanke der 4. Armee bei ihrem Angriff auf Moskau. 1942 wurde er mit der Führung der Heeresgruppe B beauftragt, die im Südabschnitt der Ostfront in den Raum Stalingrad vorstieß. Am 30. Januar 1943 wurde er zum Generalfeldmarschall befördert und im August 1943 zum Oberbefehlshaber Südost auf dem Balkan ernannt. Als im März 1944 die Lage der deutschen Truppen in der Südukraine sehr ernst geworden war und Ungarn die Front zu wechseln versuchte, gelang es Generalfeldmarschall von Weichs, auf dem Balkan eine neue Verteidigungslinie aufzubauen und einen großen Teil der in Griechenland und Jugoslawien stehenden Truppen in voller Ordnung über Belgrad nach Agram zurückzuführen.

Von Mai 1945 bis November 1948 war Generalfeldmarschall von Weichs in amerikanischer Gefangenschaft, wurde in einem sogenannten Kriegsverbrecherprozeß angeklagt, jedoch nicht verurteilt. 1954 ist er gestorben.

Erwin von Witzleben (1881–1944), 1940 zum Generalfeldmarschall befördert, übernahm den Oberbefehl über die Heeresgruppe D in Frankreich und war von Mai 1941 bis März 1942 Oberbefehlshaber West.

Während des Polenfeldzugs und bis ins Frühjahr 1940 hinein sicherte die von Generaloberst **Erwin von Witzleben** geführte 1. Armee die Grenze im Saargebiet und in der Pfalz gegen erwartete, dann jedoch unterbliebene französische Angriffe. Als nach der Vernichtung der alliierten Streitkräfte in Belgien und Nordostfrankreich die 12. und die 16. Armee zu einer gewaltigen Zangenbewegung ansetzten und die in der Maginot-Linie stehenden französischen Verbände einzuschließen begannen, durchbrach die 1. Armee am 14. Juni die Maginot-Linie bei Saarbrücken und schloß von Osten her die zwischen Nancy und Belfort stehenden feindlichen Truppen ein. Am 17. Juni boten die Franzosen die Kapitulation an, vier Wochen später wurde von Witzleben zum Generalfeldmarschall befördert, im März 1941 zum Oberbefehlshaber West ernannt, aber schon ein Jahr später mit Blick auf seine Gesundheit aus der Wehrmacht entlassen.

Bereits 1938 hatte sich von Witzleben, damals Kommandierender General in Berlin, einer Verschwörung zur Verfügung gestellt und seine Bereitschaft erklärt, Adolf Hitler mit ihm unterstellten Truppen festzunehmen, falls es wegen des angestrebten Zusammenschlusses des Sudetenlandes mit dem Deutschen Reich zu einem Krieg mit der Tschechoslowakei und den Westmächten kommen sollte. Durch die Konferenz von München wurde dieser Konflikt jedoch ohne Krieg gelöst. Sodann beteiligte sich Witzleben im Herbst 1939 an dem Versuch, Hitler bei einem Besuch an der Westfront festzunehmen. Zu diesem Besuch kam es jedoch nicht. 1944 sollte Hitler im Führerhauptquartier Wolfschanze durch einen Sprengstoffanschlag umgebracht und danach durch Fernschreiben allen Stellvertretenden Generalkommandos in Deutschland mitgeteilt werden, von Witzleben sei von der Reichsregierung zum Oberbefehlshaber der Wehrmacht ernannt worden und habe den militärischen Ausnahmezustand verhängt. Die Täuschung gelang nur unvollkommen. Von Witzleben wurde am 8. August 1944 vom Volksgerichtshof zum Tode verurteilt und noch am selben Tag hingerichtet.

Oberbefehlshaber von Armeen, Heeresgruppen und Luftflotten

Kämpfe im Südabschnitt der Ostfront

Die deutschen Armeen stießen in den Jahren 1941 und 1942 im Südabschnitt der Ostfront am weitesten in die Sowjetunion vor. Sie vernichteten starke Einheiten der Roten Armee in der Kesselschlacht von Uman und zusammen mit Einheiten der Heeresgruppe Mitte in der Schlacht östlich von Kiew, eroberten die Krim, die Industriegebiete am Donez und die landwirtschaftlich ertragreichen Gebiete der Ukraine, erreichten bei Stalingrad die Wolga und drangen tief in den Kaukasus ein. In den folgenden Rückzugsgefechten fügten sie dem Feind unter schwierigsten Bedingungen schwere Verluste zu, insbesondere bei der Rückeroberung von Charkow im März 1943.

Generaloberst **Eugen Ritter von Schobert**, Träger des Ritterkreuzes, griff die sowjetische Heeresgruppe Budjonny mit seiner 11. Armee im Juni 1941 von Rumänien aus an. Er kam am 12. September 1941 durch einen Unfall ums Leben. Als Oberbefehlshaber der 17. Armee von Mai bis Juli 1944 verteidigte General der Infanterie **Karl Allmendinger**, ausgezeichnet mit dem Eichenlaub zum Ritterkreuz, die deutschen Stellungen am Kuban-Brückenkopf. Oberbefehlshaber der 4. Panzerarmee war vom Juni 1942 bis zum Dezember 1943 Generaloberst **Hermann Hoth**, Träger des Eichenlaubs mit Schwertern zum Ritterkreuz. Er kämpfte mit seinen Divisionen im Raum Stalingrad, eroberte im März 1943 Charkow zurück und griff im Juli 1943 den sowjetischen Frontbogen um Kursk an. General der Panzertruppen **Fritz-Hubert Gräser**, ausgezeichnet mit dem Eichenlaub zum Ritterkreuz, war vom Herbst 1944 bis zum Kriegsende der Oberbefehlshaber der 4. Panzerarmee. In der Ukraine unterstützte das von General der Flieger **Otto Deßloch** geführte I. Flak-Korps die Heeresverbände nicht nur durch Abwehr feindlicher Luftangriffe, sondern auch im Erdkampf. Es vernichtete dabei 1942 und 1943 innerhalb von zehn Monaten 1.168 feindliche Panzer.

Ende Januar 1944 kesselte die Rote Armee südwestlich von Tscherkassy zwei deutsche Korps ein, die aufgrund der einsetzenden Schlammperiode von außen nicht befreit werden konnten und sich deshalb selber freikämpfen mußten. Der Durchbruch gelang ihnen unter der Führung von Generalleutnant **Theobald Lieb**, der danach mit dem Ritterkreuz und Eichenlaub ausgezeichnet wurde. Unmittelbar danach wurde die von General der Panzertruppen **Hans Hube** geführte 1. Panzerarmee im Raum von Kamenez-Podolsk eingeschlossen. Ihr Oberbefehlshaber führte sie durch starke feindliche Sperriegel nach Westen, wurde dafür zum Generaloberst befördert und mit den Brillanten ausgezeichnet. Nach dem Verlust von Stalingrad wurde die dort untergegangene 6. Armee neu aufgestellt und von General der Artillerie **Maximilian Fretter-Pico**, Träger des Eichenlaubs zum Ritterkreuz, vom Juli bis Dezember 1944 geführt. Durch den Frontwechsel Rumäniens im August 1944 wurde die 8. Armee zu einem großen Teil von sowjetischen Truppen umfaßt und vernichtet. General der Gebirgstruppe **Hans Kreysing**, ausgezeichnet mit dem Eichenlaub mit Schwertern zum Ritterkreuz, formierte die Armee als ihr Oberbefehlshaber neu und führte sie vom Dezember 1944 bis zum Kriegsende in Südosteuropa. Im August 1942 wurde Generaloberst **Alexander Löhr**, Träger des Eichenlaubs zum Ritterkreuz, Oberbefehlshaber der deutschen Truppen auf dem Balkan. Er führte seine Heeresgruppe im Spätsommer 1944 nach Jugoslawien zurück und errichtete dort eine neue Abwehrfront. Nach einem Schauprozeß wurde er 1947 in Belgrad erschossen. Ab Januar 1945 leistete General der Panzer-

SS-Oberstgruppenführer und Generaloberst der Waffen-SS Sepp Dietrich zeichnet Männer der SS-Leibstandarte Adolf Hitler aus.

truppen **Hermann Balck**, Träger des Eichenlaubs mit Schwertern und Brillanten, mit der deutschen 6. und der ungarischen 3. Armee den in Westungarn vordringenden sowjetischen Truppen hinhaltenden Widerstand und konnte dabei abgeschnittene feindliche Divisionen zerschlagen. Bei der letzten deutschen Offensive im Zweiten Weltkrieg, dem Angriff auf feindliche Verbände am Plattensee im März 1945, zeichnete sich die unter dem Oberbefehl von SS-Oberstgruppenführer und Brillantenträger **Sepp Dietrich** geführte 6. SS-Panzerarmee besonders aus, mußte jedoch auch schwere Verluste hinnehmen.

Endkampf im Osten

Angesichts des Vormarsches der Roten Armee bereiteten mehrere mit Deutschland verbündete Staaten 1944 insgeheim einen Frontwechsel vor. Das galt auch für das von Marschall Mannerheim geführte Finnland. Adolf Hitler erteilte deshalb im Juli 1944 **Eduard Dietl**, dem Oberbefehlshaber der in Finnland kämpfenden 20. Gebirgsarmee, den Auftrag, das Ausscheiden Finnlands aus dem Krieg zu verhindern. Beim Rückflug vom Obersalzberg verunglückte der Generaloberst, Träger des Eichenlaubs mit Schwertern, jedoch tödlich. Finnland erklärte dem Deutschen Reich wenige Tage später den Krieg.

Im Oktober 1944 gelang der Roten Armee nördlich von Memel und dann bei Riga der Durchbruch zur Ostsee. Die deutschen Kräfte im Baltikum waren damit von ihrer Landverbindung nach Deutschland abgeschnitten und hielten nur noch einen großen Brückenkopf in Kurland. Als Oberbefehlshaber der Heeresgruppe Kurland vom 10. März 1945 bis zum Kriegsende hat Generaloberst **Carl Hilpert**, Träger des Eichenlaubs zum Ritterkreuz, diesen Brückenkopf mit seinen Truppen gehalten. Vorher hatte er das Baltikum mit der 16. Armee verteidigt, deren Oberbefehlshaber er im September 1944 als Nachfolger des durch einen Flugzeugabsturz ums Leben gekommenen Generals der Infanterie **Paul Laux**, Träger des Eichenlaubs zum Ritterkreuz, geworden war. Mitte Oktober 1944 erzielte die Rote Armee einen ersten Einbruch in Ostpreußen, konnte aber von der 4. Armee unter ihrem Oberbefehlshaber **Friedrich Hoßbach**, General der Infanterie und ausgezeichnet mit dem Eichenlaub zum Ritterkreuz, wieder zurückgeschlagen werden, wobei zum erstenmal die von sowjetischen Truppen an der deutschen Bevölkerung begangenen Massenmorde und -verbrechen offenkundig wurden. Generaloberst **Josef Harpe**, Träger des Eichenlaubs mit Schwertern zum Ritterkreuz, befehligte die an der Weichsel stehende Heeresgruppe A, die durch eine am 12. Januar 1945 mit stärkster Überlegenheit begonnene Offensive der Roten Armee zerschlagen wurde. Dabei wurde auch die von General der Panzertruppen **Smilo Freiherr von Lüttwitz**, Träger des Eichenlaubs mit Schwertern zum Ritterkreuz, geführte 9. Armee überrannt, deren Stellungen sich vor dem feindlichen Brückenkopf Magnuszew

Generaloberst Eduard Dietl hatte sich bei der Besetzung Narviks 1940 einen legendären Namen erworben und kämpfte mit seinen Truppen hauptsächlich im hohen Norden. Neben ihm General der Gebirgstruppe Karl Eglseer.

Generalleutnant Hasso von Manteuffel (Mitte) bei einer Lagebesprechung bei der Panzergrenadierdivision Großdeutschland mit den Regimentskommandeuren Oberst Horst Niemack (links) und Oberst Willi Langkeit (rechts).

an der Weichsel befanden. Bei diesen Rückzugskämpfen zeichnete sich General der Panzertruppen **Walther Nehring**, Träger des Ritterkreuzes mit Eichenlaub und Schwertern, aus, der zahlreiche Verbände und zerschlagene Einheiten der 4. Panzerarmee aus dem Raum Kielce in einem wandernden Kessel nach Schlesien führte.

Angesichts der weitgehend durchbrochenen Ostfront befahl Adolf Hitler am 22. Januar 1945 die Bildung einer Heeresgruppe Weichsel und ernannte zu ihrem Oberbefehlshaber den Reichsführer-SS **Heinrich Himmler**, der im Dezember 1944 die Führung der deutschen Streitkräfte am Oberrhein übernommen und durch eine Offensive im Vorfeld des Westwalls Geländegewinne erzielt hatte. Es gelang ihm angesichts der bestehenden Kräfteverhältnisse aber nicht, eine durch Ostpommern bis hin nach Westpreußen verlaufende Front zu stabilisieren und die bereits an der Oder östlich von Berlin stehenden sowjetischen Truppen zu umfassen und zu vernichten. Am 20. März 1945 übernahm den Oberbefehl über die Heeresgruppe Weichsel Generaloberst **Gotthard Heinrici**, ausgezeichnet mit dem Eichenlaub mit Schwertern zum Ritterkreuz. Mit seinen viel zu schwachen Verbänden konnte er jedoch den am 16. April 1945 an der Oder beginnenden sowjetischen Großangriff auf Berlin nicht aufhalten und wurde am 28. April 1945 von seinem Posten abgelöst. Zu seinem Nachfolger wurde Generaloberst **Kurt Student** ernannt, der Schöpfer der deutschen Fallschirmtruppe und ihr Befehlshaber bei der Eroberung von Kreta und den Kämpfen in Italien, ausgezeichnet mit dem Eichenlaub zum Ritterkreuz. Bis zu seinem Eintreffen führte die Heeresgruppe Weichsel General der Infanterie **Kurt von Tippelskirch**, Träger des Eichenlaubs zum Ritterkreuz, der vorher die Führung einer Abwehrfront zwischen der unteren Havel und der Gegend südlich von Neuruppin übernommen hatte. Als die Rote Armee die Reichshauptstadt mit

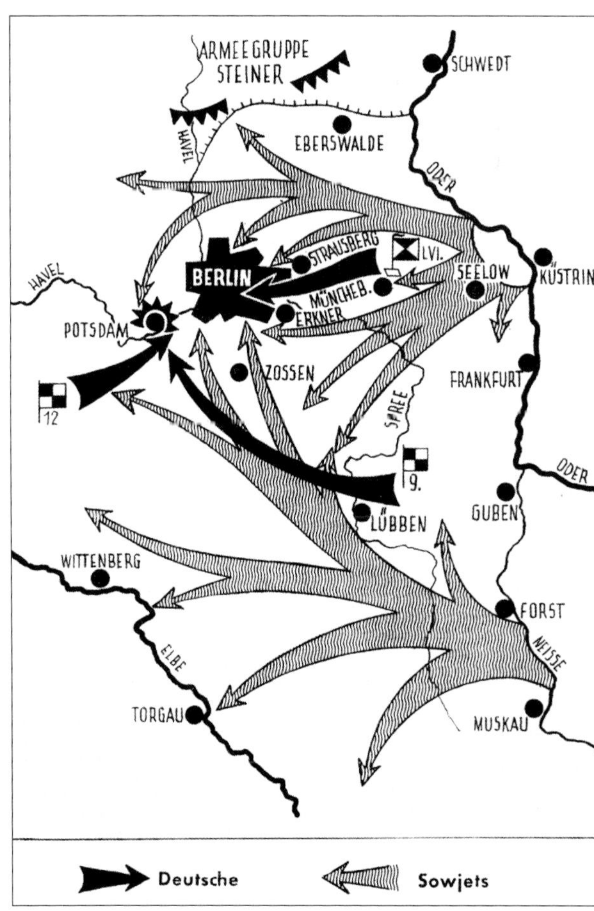

Der Endkampf 1945 um Berlin

einem nördlichen und südlichen Zangenarm zu umfassen begann, erhielt SS-Obergruppenführer und General der Waffen-SS **Felix Steiner**, Träger des Eichenlaubs mit Schwertern zum Ritterkreuz, den Befehl, mit seiner nördlich von Berlin stehenden Armeegruppe nach Süden vorzustoßen und damit die sowjetische Angriffsspitze abzuschneiden. Da Steiner dafür keine ausreichenden Kräfte zur Verfügung standen, ging er statt dessen mit seiner Einheit nach Westen zurück. Der sowjetischen Offensive gegen Berlin konnte die nördlich der Reichshauptstadt unter General der Panzertruppen und Brillantenträger **Hasso von Manteuffel** kämpfende 3. Panzerarmee nur hinhaltenden Widerstand entgegensetzen. Es gelang ihrem Oberbefehlshaber jedoch, seine 300.000 Soldaten in britische Gefangenschaft zu führen. Am 10. April 1945 wurde General der Panzertruppen **Walther Wenck**, Träger des Ritterkreuzes, Oberbefehlshaber der östlich der Elbe neuaufgestellten 12. Armee und erhielt wenig später den Befehl, den südlichen Zangenarm der Roten Armee um Berlin zu durchstoßen. Angesichts starken Feindwiderstandes war ihm dies nicht möglich, er konnte jedoch südlich von Berlin die Verbindung zu den Resten der von General der Infanterie **Theodor Busse** geführten 9. Armee herstellen, die sich von der Oder nach Westen zurückkämpfte, und ihr den Rückzug an die Elbe freihalten. Nur etwa 30.000 Mann konnten die sowjetischen Sperriegel durchbrechen. Bis zur Kapitulation kämpfte die an der Ostseeküste zusammengedrängte Armeegruppe Ostpreußen unter General der Panzertruppen **Dietrich von Saucken**, dem dafür am letzten Kriegstag die Brillanten verliehen wurden, und ermöglichte dadurch vielen Menschen die Flucht nach Westen über die Ostsee.

General der Panzertruppen Dietrich von Saucken (rechts) bei einer Lagebesprechung mit dem Oberbefehlshaber der Heeresgruppe Mitte Generaloberst Georg Hans Reinhardt (Mitte).

Endkampf im Westen und Süden

Am 6. Juni 1944 landeten in der Normandie anglo-amerikanische Truppen. Wenige deutsche Divisionen leisteten ihnen hartnäckigen Widerstand, die gleichfalls dem Gegner stark unterlegene Luftwaffe unterstützte sie dabei mit allen Kräften. Von le Coudray bei Paris aus führte Generalmajor **Dietrich Peltz**, seit 1943 Angriffsführer England, Träger der Schwerter zum Eichenlaub und jüngster General der Wehrmacht, die Angriffe seiner Schlachtflieger auf die feindliche Invasionsflotte. Zwischen der Mündung der Loire und den Pyrenäen hatte unter dem Oberbefehl von Generaloberst **Johannes Blaskowitz** die Heeresgruppe G mit der 1. Armee unter General der Infanterie **Kurt von der Chevallerie**, Träger des Eichenlaubs zum Ritterkreuz, ihre Stellungen bezogen; an der französischen Mittelmeerküste stand die 19. Armee. Als die in der Normandie gelandeten alliierten Streitkräfte Anfang August 1944 die deutschen Verteidigungslinien in Nordfrankreich durchbrachen und am 15. August die amerikanische 7. Armee östlich von Marseille landete und gegen schwachen deutschen Widerstand nach Norden vorstieß, mußte die

Heeresgruppe G auf die Reichsgrenze zurückgenommen werden. Die 19. Armee deckte dann den Oberrhein bei Kolmar, die 1. Armee den Raum zwischen Rhein und Mosel. Die 1. Armee wurde im Herbst 1944 vom General der Panzertruppen **Otto von Knobelsdorff**, Träger des Eichenlaubs mit Schwertern zum Ritterkreuz, geführt. Oberbefehlshaber der 19. Armee war vom Juni bis Dezember 1944 General der Infanterie **Friedrich Wiese**, Träger des Eichenlaubs zum Ritterkreuz, im März 1945 war es General der Infanterie **Hans von Obstfelder**, ausgezeichnet mit dem Eichenlaub mit Schwertern zum Ritterkreuz. Vom März 1945 bis zum Kriegsende führte die 19. Armee General der Artillerie **Erich Brandenberger**, Träger des Eichenlaubs zum Ritterkreuz. Generaloberst Blaskowitz war bei Kriegsende Oberbefehlshaber der Heeresgruppe H im holländischen Raum. In Nordwestdeutschland kämpfte bis zum Mai 1945 General der Infanterie **Günther Blumentritt**, Träger des Eichenlaubs zum Ritterkreuz, mit einer nach ihm benannten Armee, vorher hatte er die Führung der 25. Armee und der 1. Fallschirmarmee.

Von Februar 1945 bis zum Kriegsende war General der Panzertruppen **Traugott Herr**, Träger des Eichenlaubs mit Schwertern zum Ritterkreuz, Oberbefehlshaber der unter alliiertem Druck langsam nach Norden zurückweichenden 10. Armee in Italien. Neben der 10. Armee kämpfte die 14. Armee, deren Oberbefehlshaber im Sommer und Herbst 1944 General der Panzertruppen **Joachim Lemelsen**, Träger des Eichenlaubs zum Ritterkreuz, war. General der Infanterie **Hans Jordan**, ausgezeichnet mit dem Eichenlaub mit Schwertern zum Ritterkreuz, war bei Kriegsende Oberbefehlshaber der Armee Tirol, Generaloberst **Heinrich von Vietinghoff-Scheel**, Träger des Eichenlaubs zum Ritterkreuz, vom 10. März bis zum Mai 1945 Oberbefehlshaber Südwest. Er kapitulierte mit den ihm unterstellten Truppen gegenüber den Alliierten in Italien. Oberbefehlshaber Süd war ab 25. März 1945 Generaloberst **Dr. Lothar Rendulic**, Träger des Eichenlaubs mit Schwertern zum Ritterkreuz, der vorher deutsche Armeen im Baltikum geführt hatte.

Generalleutnant Johannes Blaskowitz (rechts) als Oberbefehlshaber der 8. Armee bei einer Lagebesprechung während des Polenfeldzuges 1939.

Brillantenträger der deutschen Wehrmacht

Als höchste deutsche Tapferkeitsauszeichnung im Zweiten Weltkrieg wurde am 15. Juli 1941 das Eichenlaub mit Schwertern und Brillanten zum Ritterkreuz des Eisernen Kreuzes gestiftet und bis zum Kriegsende wegen Tapferkeit und herausragender Führungsleistungen an 27 Offiziere verliehen. Von ihnen wurden bereits die Generalfeldmarschalle Erwin Rommel, Albert Kesselring, Walter Model und Ferdinand Schörner ausführlich gewürdigt.

Unter den Oberbefehlshabern von Armeen, Heeresgruppen und Luftflotten befanden sich ebenfalls Brillantenträger, und zwar Ge-

Oberst Werner Mölders (1913–1941) wurde 1940 mit dem Ritterkreuz und dem 2. Eichenlaub sowie 1941 mit den 2. Schwertern ausgezeichnet. Als erster Soldat der deutschen Wehrmacht erhielt er die Brillanten.

neral der Panzertruppen Hermann Balck, Generaloberst der Waffen-SS Sepp Dietrich, Generaloberst Hans Hube, General der Panzertruppen Hasso von Manteuffel und General der Panzertruppen Dietrich von Saucken.

nern deutlich überlegen, verlor aber allmählich ihre Vorherrschaft. Ab 1940 nahmen die Einflüge britischer und dann auch amerikanischer Bomber in das Reichsgebiet zu. Ihre Tag- und Nachtangriffe richteten sich nur selten gegen kriegswichtige Ziele, sondern hauptsächlich gegen Wohnviertel mit der Absicht, die Widerstandskraft der Bevölkerung zu brechen und so die Kapitulation Deutschlands zu erzwingen. Viele Städte wurden so in Schutt und Asche gelegt, etwa 650.000 Zivilisten verloren ihr Leben, viele Millionen ihre Häuser, unersetzliche Kulturgüter gingen verloren, ohne daß es jedoch zu einem Zusammenbruch der Moral in Deutschland gekommen wäre. Die deutschen Tag- und Nachtjäger versuchten mit äußerstem Einsatz, diese feindlichen Angriffe zu verhindern, mußten jedoch ab 1940 auch noch in Nordafrika und ab 1941 in der Sowjetunion kämpfen und so ihre Kräfte zersplittern. Dazu kamen Fehlplanungen in der Rüstung, so daß neue Jägermodelle zu spät produziert wurden. Durch Verlust von Ölquellen und als Folge feindlicher Bombenangriffe auf Werke zur Produktion von synthetischem Treibstoff ab 1944 konnten gegen Kriegsende auch startklare Maschinen wegen Benzinmangels nicht mehr eingesetzt werden.

Gegen eine zunehmende feindliche Luftüberlegenheit schoß, hauptsächlich über

Oberst Werner Mölders im Gespräch mit seinem Adjutanten Hartmann Grasser.

Die ersten Brillanten erhielten 1941 Jagdflieger. Die deutsche Luftwaffe war zu Beginn des Zweiten Weltkrieges ihren Gegnern ...

Frankreich und Großbritannien, Oberst **Werner Mölders** 101 Feindflugzeuge ab und erhielt dafür am 16. Juli 1941 die Brillanten.

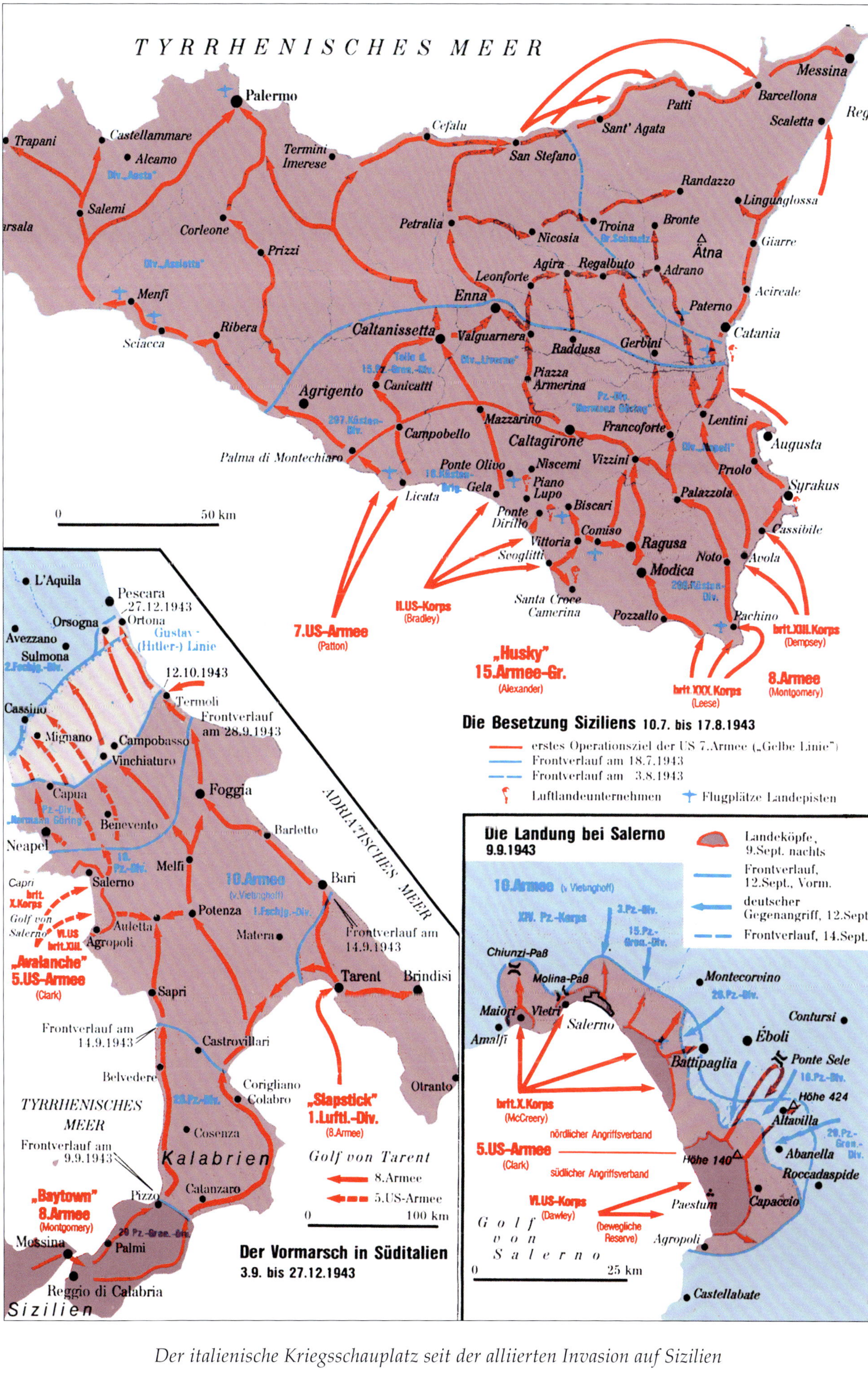

Der italienische Kriegsschauplatz seit der alliierten Invasion auf Sizilien

Major Adolf Galland erhält im Juni 1941 als Kommodore des Jagdgeschwaders 26 „Schlageter" aus der Hand von Adolf Hitler die Schwerter.

Nach 94 Luftsiegen, die er gleichfalls im Westen erzielte, wurde Oberst **Adolf Galland** am 28. Januar 1942 mit den Brillanten ausgezeichnet. Major **Gordon Gollob**, der aus dem österreichischen Bundesheer hervorgegangen war, verzeichnete bis zur Verleihung der Brillanten am 30. August 1942 150 Abschüsse. Als einmalig wurde das fliegerische Können von Hauptmann **Hans-Joachim Marseille** gewertet, der nach seinem 125. Sieg über britische Flugzeuge in Nordafrika am 2. September 1942 mit der höchsten deutschen Tapferkeitsauszeichnung gewürdigt wurde. Innerhalb eines Jahres erhielt Oberleutnant **Hermann Graf** alle Auszeichnungen vom Ritterkreuz bis zu den Brillanten nach seinem 172. Luftsieg am 16. September 1942. Als erster Flieger der Welt erreichte Hauptmann **Walter Nowotny** am 19. Oktober 1943 die Zahl von 250 Abschüssen und bekam dafür die Brillanten. Nach seinem 300. Luftsieg erhielt Oberleutnant **Erich Hartmann** die Brillanten am 25. August 1944. Die erfolgreichsten deutschen Nachtjäger waren Oberstleutnant **Helmut Lent**, dem die Brillanten nach dem 100. Nachtjagdsieg am 31. Juli 1944 verliehen wurden, und Hauptmann **Heinz Wolfgang Schnaufer** für 100 Abschüsse am 16. Oktober 1944.

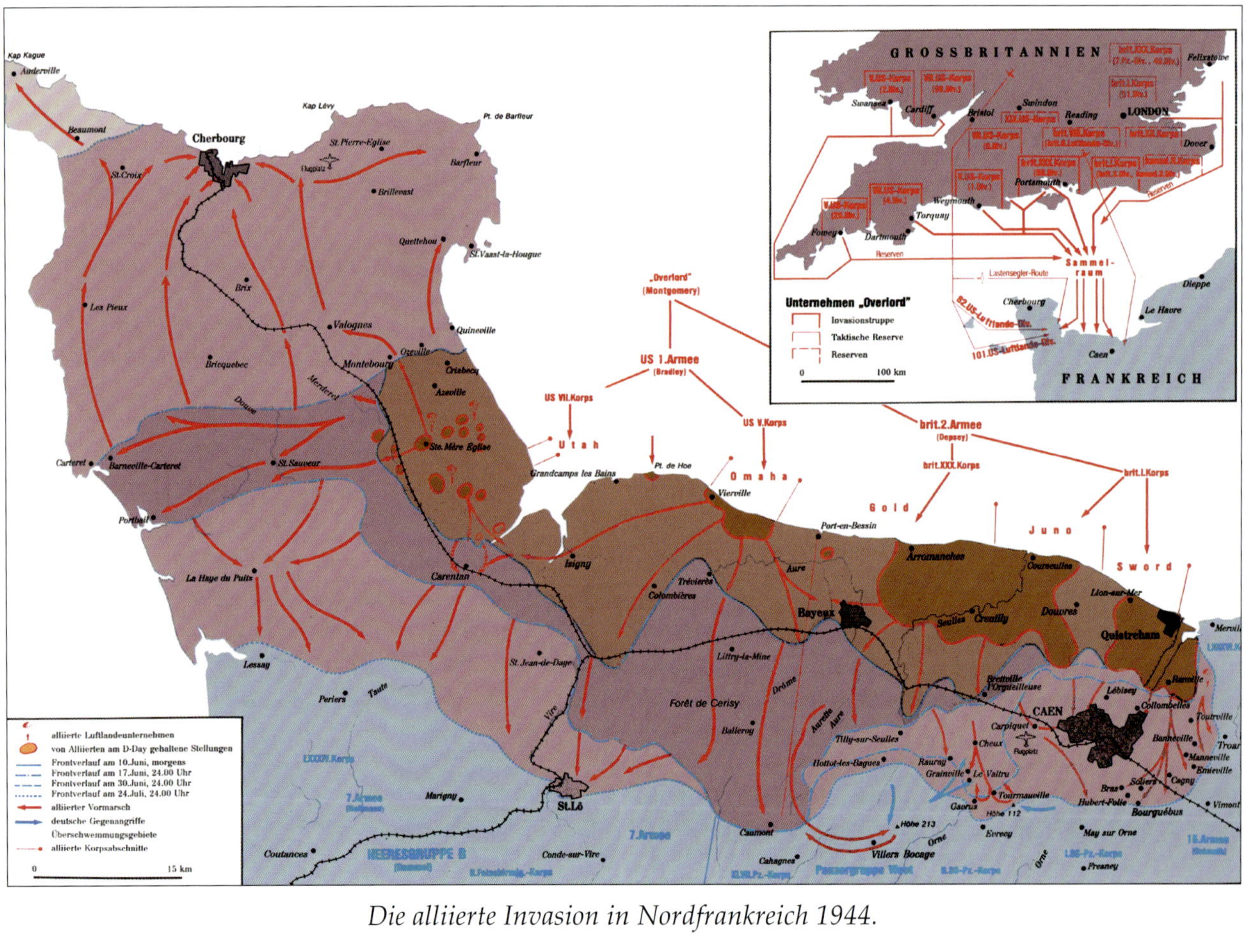

Die alliierte Invasion in Nordfrankreich 1944.

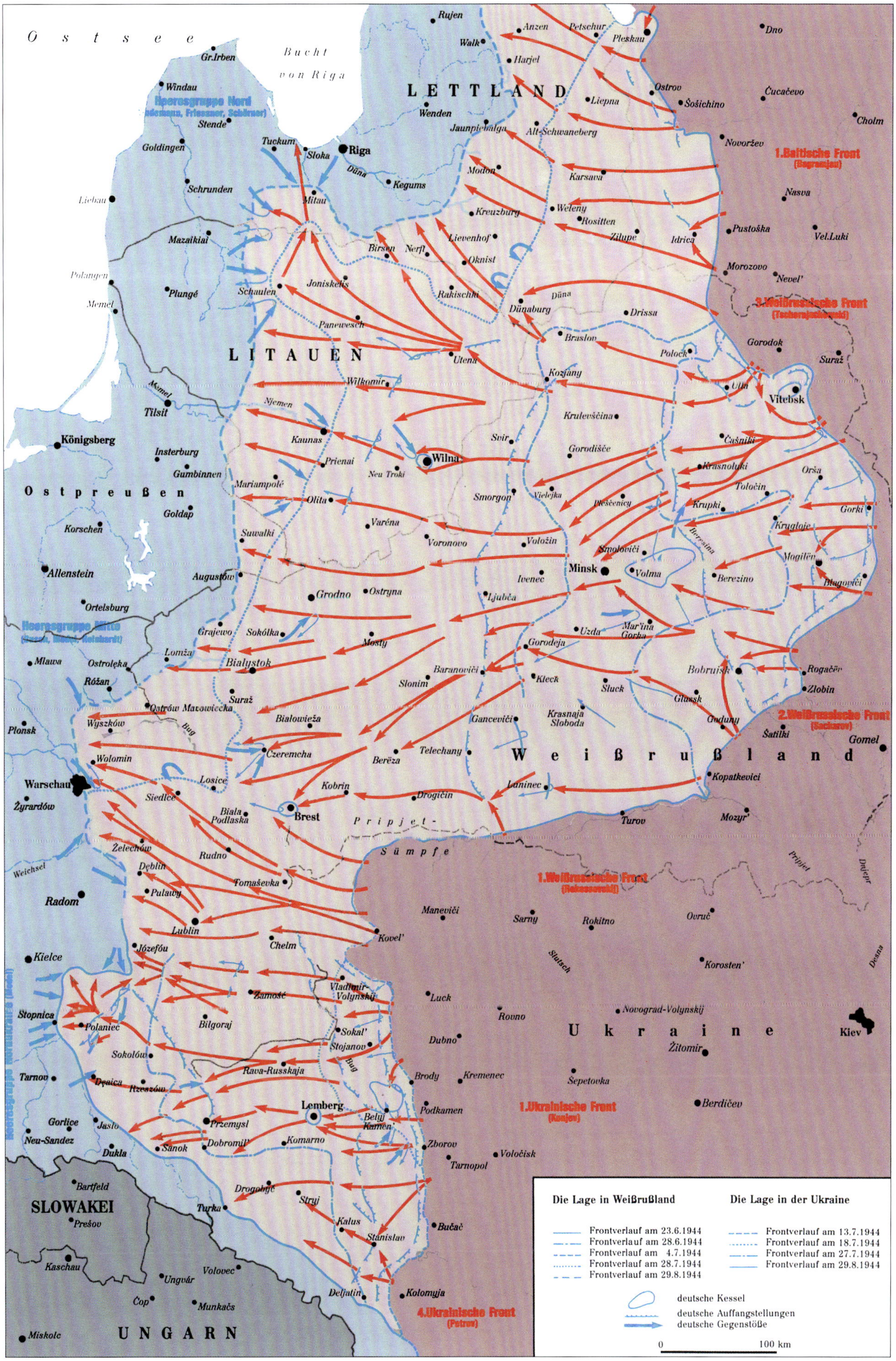

Endkampf im Osten: Die Rote Armee vor den Reichsgrenzen.

Als einziger Soldat der Wehrmacht erhielt Luftwaffenoberst **Hans-Ulrich Rudel** am 1. Januar 1945 die allerhöchste deutsche Tapferkeitsauszeichnung, das Goldene Eichenlaub mit Schwertern und Brillanten zum Ritterkreuz des Eisernen Kreuzes, für die Vernichtung von sowjetischen Panzern aus der Luft. Bis zum Kriegsende waren es insgesamt 519.

Gleichfalls zur Luftwaffe gehörte General der Fallschirmtruppen **Bernhard Ramcke**. Er bekam die Brillanten am 20. September 1944 für die Verteidigung der eingeschlossenen Festung Brest.

Auch bekannte Panzerführer wurden mit den Brillanten ausgezeichnet. Oberst **Adelbert Schulz** erhielt sie am 14. Dezember 1943 als Kommandeur des Panzerregiments 7 an

Generalleutnant Theodor Tolsdorff (1909–1978) erhielt 1941 das Ritterkreuz und 1943 das Eichenlaub. 1944 wurde er mit den Schwertern und 1945 mit den Brillanten ausgezeichnet.

der Ostfront für verschiedene schlachtenentscheidende Taten. Dem 13mal verwundeten Obersten **Hyazinth Graf Strachwitz** wurden sie als Panzerführer der Heeresgruppe Nord am 15. April 1944 verliehen. Mit seiner 7. Panzerdivision, die vor ihm schon Rommel, Schulz und von Manteuffel befehligt hatten, zeichnete sich Generalleutnant **Dr. Karl Mauss** in den Abwehrkämpfen an der Ostfront aus und wurde durch die Verleihung der Brillanten am 15. April 1945 gewürdigt. Er führte seine Soldaten auch noch nach einer Beinamputation im Februar 1945.

Der bereits an der Ostfront hochbewährte, insgesamt 14mal verwundete Generalmajor **Theodor Tolsdorff** erhielt am 18. März 1945 als 25. Soldat der Wehrmacht die Brillanten, nachdem er im Anschluß an die Ardennenoffensive mit seiner Division den Rückzug deutscher Truppen über den Rhein gedeckt hatte.

SS-Gruppenführer **Herbert Otto Gille** erhielt die Brillanten am 20. April 1944. Er hatte sich in die von den Sowjets eingeschlossene Stadt Kowel einfliegen lassen und leitete ihre Verteidigung mit nur schwachen Kräften bis zum Entsatz durch deutsche Truppen.

Als die erfolgreichsten deutschen U-Boot-Kommandanten im Zweiten Weltkrieg erhielten Korvettenkapitän **Wolfgang Lüth** am 11. August 1943 und Korvettenkapitän **Albrecht Brandi** am 24. November 1944 die Brillanten.

* * *

Der letzte Wehrmachtsbericht des Oberkommandos der Wehrmacht vom 9. Mai 1945 würdigte die Leistungen der deutschen Soldaten im Zweiten Weltkrieg mit folgenden Worten: „Auf Befehl des Großadmirals hat die Wehrmacht den aussichtslos gewordenen Kampf eingestellt. Damit ist das fast sechsjährige heldenhafte Ringen zu Ende. Es hat uns große Siege, aber auch schwere Niederlagen gebracht. Die deutsche Wehrmacht ist am Ende einer gewaltigen Übermacht ehrenvoll unterlegen.

Der deutsche Soldat hat, getreu seinem Eid, im höchsten Einsatz für sein Volk für immer Unvergeßliches geleistet. Die Heimat hat ihn bis zuletzt mit allen Kräften unter schwersten Opfern unterstützt. Die einmalige Leistung von Front und Heimat wird in einem späteren gerechten Urteil der Geschichte ihre endgültige Würdigung finden.

Den Leistungen und Opfern der deutschen Soldaten zu Lande, zu Wasser und in der Luft wird auch der Gegner die Achtung nicht versagen. Jeder Soldat kann deshalb die Waffe aufrecht und stolz aus der Hand legen und in den schwersten Stunden unsrer Geschichte tapfer und zuversichtlich an die Arbeit gehen für das ewige Leben unseres Volkes.

Die Wehrmacht gedenkt in dieser schweren Stunde ihrer vor dem Feind gebliebenen Kameraden. Die Toten verpflichten zu bedingungsloser Treue, zu Gehorsam und Disziplin gegenüber dem aus zahllosen Wunden blutenden Vaterland."

Literaturverzeichnis

Adolph-Auffenberg-Komarow, Helwig (Hrsg.). *Die besten Soldaten der Welt: Die Deutsche Wehrmacht aus der Sicht berühmter Ausländer*. München, 1994.

Carell, Paul. *Unternehmen Barbarossa: Der Marsch nach Rußland*. Frankfurt/Berlin: 1963.

Carell, Paul. *Verbrannte Erde: Schlacht zwischen Wolga und Weichsel*. Frankfurt/Berlin, 1966.

Das Versailler Diktat: Vorgeschichte – Vollständiger Vertragstext – Gegenvorschläge der deutschen Regierung. Vorw. v. Franz Uhle-Wettler. Kiel, 1999.

Fellgiebel, Walther-Peer. *Die Träger des Ritterkreuzes des Eisernen Kreuzes 1939–1945*. Friedberg, 1993.

Foltmann, Josef, u. Hanns Möller-Witten. *Opfergang der Generale*. Berlin, 1952.

Fraschka, Günter. *... mit Schwertern und Brillanten: Aus dem Leben der siebenundzwanzig Träger der höchsten deutschen Tapferkeitsauszeichnung*. Rastatt, 1970.

Galland, Adolf. *Die Ersten und die Letzten: Die Jagdflieger im Zweiten Weltkrieg*. München, 1953.

Görlitz, Walter. *Kleine Geschichte des deutschen Generalstabes*. Berlin, 1977.

Hausser, Paul. *Soldaten wie andere auch*. Osnabrück, 1966.

Keilig, Wolf. *Die Generale des Heeres*. Friedberg, 1983.

Kern, Erich. *Generalfeldmarschall Schörner: Ein deutsches Soldatenschicksal*. Preußisch Oldendorf, 1976.

Lüdde-Neurath, Walter. *Regierung Dönitz: Die letzten Tage des Dritten Reiches*. Leoni, 1981.

Mason, Herbert Molloy. *Die Luftwaffe 1918–1945: Aufbau, Aufstieg und Scheitern im Sieg*. Wien/Berlin, o.J.

Moll, Otto E. *Die deutschen Generalfeldmarschälle 1935–1945*. Rastatt, 1961.

Möller-Witten, Hanns. *Mit dem Eichenlaub zum Ritterkreuz: Aus dem Leben von zwanzig vorbildlichen Soldaten*. Rastatt, 1962.

Overesch, Manfred. *Chronik deutscher Zeitgeschichte: Das Dritte Reich 1933–1945*. 2 Bde. Augsburg, 1991.

Peters, Ludwig. *Volkslexikon Drittes Reich*. Tübingen, 1998.

Ploetz. *Geschichte der Weltkriege: Mächte – Ereignisse – Entwicklungen 1900–1954*. Freiburg/Würzburg, 1981.

Rudel, Hans-Ulrich. *Trotzdem*. Göttingen, 1966.

Seemen, Gerhard von. *Die Ritterkreuzträger 1939–1945: Die Ritterkreuzträger sämtlicher Wehrmachtteile*. Friedberg, o.J.

Smelser, Roland, u. Enrico Syring (Hrsg.). *Die Militärelite des Dritten Reiches*. Berlin/Frankfurt, 1995.

Stockert, Peter. *Die Eichenlaubträger 1940–1945*. 3 Bde. Bad Friedrichshall, 1997.

Stockhorst, Erich. *5000 Köpfe: Wer war was im 3. Reich*. Kiel, 2000.

Thomas, Franz. *Die Eichenlaubträger 1940–1945*. 2 Bde. Osnabrück, 1997.

Tippelskirch, Kurt von. *Geschichte des Zweiten Weltkrieges*. Bonn, 1951.

Personenregister

Das Stichwort „Adolf Hitler" ist – da durchgehend vertreten – im Register nicht aufgeführt.

Allmendinger, Karl 27, 96
Antonescu, Ion 57
Balck, Hermann 23, 28, 32, 98
Blaskowitz, Johannes 30 f., 98
Blumentritt, Günther 31, 100
Bock, Fedor von 12, 74
Bodenschatz, Karl 84
Brandenberger, Erich 31, 100
Brandi, Albrecht 36, 142
Brauchitsch, Walter von 7 ff., 52, 64, 92
Budjonny, Semjon Michailowitsch 8, 23, 25, 27
Burgdorf, Wilhelm 7, 52
Busch, Ernst 12 f., 16, 19
Busse, Theodor 30, 58, 84, 104
Chevallerie, Kurt von der 30, 104
Christian, Eckhard 57
Churchill, Winston 7, 17
Deßloch, Otto 27, 104
Dietl, Eduard 9, 28, 106
Dietrich, Josef „Sepp" 27 f., 30, 32, 92, 106
Dietrich, Dr. Otto 92
Dönitz, Karl 9 ff., 41, 45, 68
Dornberger, Dr. Walter 10, 64
Eglseer, Karl 28
Fretter-Pico, Maximilian 27, 108
Fröhlich, General 91
Galland, Adolf 34, 144
Gille, Herbert Otto 36, 144
Godt, Eberhard 11
Gollob, Gordon 34, 146
Göring, Hermann 9, 11 ff., 41, 60, 68, 70
Graf, Hermann 34, 146
Gräser, Fritz-Hubert 27, 108
Grasser, Hartmann 32
Greim, Robert Ritter von 13, 74
Guderian, Heinz 9 f., 14 f., 19, 23, 60, 142
Halder, Franz 8 f., 20, 57 f.
Harpe, Josef 28, 110
Hartmann, Erich 32, 34, 148
Heinrici, Gotthard 29, 110
Herr, Traugott 31, 112
Heusinger, Adolf 86
Hilpert, Carl 28, 112
Himmler, Heinrich 29, 41, 52, 92, 116
Hoßbach, Friedrich 28, 116
Hoth, Hermann 27, 118
Hube, Hans 27, 32, 118
Jeschonnek, Hans 9, 12, 70, 72
Jodl, Alfred 7, 9, 44 f., 48
Jodl, Ferdinand 44
Jordan, Hans 31, 120
Keitel, Wilhelm 7, 9, 41 f., 44, 49, 52, 57, 60, 68, 92
Kesselring, Albert 13 ff., 31, 76
Kleist, Ewald von 14 f., 17, 23, 58, 76,
Kluge, Hans Günther von 15 f., 24, 78
Knobelsdorff, Otto von 31, 120
Korten, Günther 9, 12, 72
Krebs, Hans 9 f.
Kreysing, Hans 27, 122
Küchler, Georg von 16 f., 78
Langkeit, Willi 29
Laux, Paul 28, 122
Leeb, Wilhelm Ritter von 16 f.
Lemelsen, Joachim 31, 124
Lent, Helmut 34, 148
Lieb, Theobald 27, 124
List, Wilhelm 9, 14, 17, 80
Löhr, Alexander 9, 27, 126
Lüth, Wolfgang 36, 150
Lüttwitz, Smilo Freiherr von 28, 126
Manstein, Erich von 17 f., 80, 84
Manteuffel, Hasso von 29 f., 32, 36, 128
Marseille, Hans-Joachim 34, 150
Mauss, Dr. Karl 36, 152
Milch, Erhard 19, 84
Model, Walter 13, 19 f., 24, 31, 44, 86
Mölders, Werner 32
Mussolini, Benito 22, 49
Nehring, Walther 29, 128
Niemack, Horst 29
Nowotny, Walter 34, 152
Obstfelder, Hans von 31, 130
Paulus, Friedrich 20, 86
Peltz, Dietrich 30, 130
Porsche, Prof. Ferdinand 60
Raeder, Dr. Erich 9 f., 52, 64, 92
Ramcke, Bernhard 36, 154
Reichenau, Walter von 20 f., 88
Reinhardt, Georg Hans 30
Rendulic, Dr. Lothar 31, 132
Richthofen, Wolfram Freiherr von 21 f., 88
Rommel, Erwin 9, 22 f., 31, 36, 90 f.
Rudel, Hans-Ulrich 36, 154
Rundstedt, Gerd von 16 ff., 20 f., 23 f., 92
Saucken, Dietrich von 30, 32, 132
Schmidt, Dr. Paul 49, 57
Schmundt, Rudolf 7, 50, 52
Schnaufer, Heinz Wolfgang 34, 148, 156
Schobert, Eugen Ritter von 18,27, 134
Schörner, Ferdinand 15, 24 f., 31, 92
Schulz, Adelbert 36, 156
Seeckt, Hans von 5
Sodenstern, Georg von 84
Speer, Albert 84
Sperrle, Hugo 25, 92
Stalin, Josef 7 f., 11
Steiner, Felix 30, 136
Strachwitz, Hyazinth Graf 36, 158
Student, Kurt 29, 136
Timoschenko, Semjon Konstantinowitsch 10, 12, 15, 20
Tippelskirch, Kurt von 29, 138
Tolsdorff, Theodor 36
Tresckow, Henning von 16
Vietinghoff-Scheel, Heinrich von 31, 138
Warlimont, Walter 7, 9, 50
Weichs, Maximilian Reichsfreiherr von 25 f., 96
Weinrich, Karl 64
Wenck, Walther 30, 142
Wever, Walther 11
Wiese, Friedrich 31, 142
Witzleben, Erwin von 9, 26
Zeitzler, Kurt 8 f., 58

Foto: TimePix/Hugo Jäger

Vorige Doppelseite: Adolf Hitler (1889–1945), Führer und Reichskanzler, seit dem 4. Februar 1938 auch Oberster Befehlshaber der Wehrmacht, bei einem Manöver der Wehrmacht im Frühjahr 1939 in Österreich.

Heldengedenktag 1943 in Berlin. Hinter Adolf Hitler von links nach rechts: Reichsmarschall Hermann Göring, Generalfeldmarschall Wilhelm Keitel, Großadmiral Karl Dönitz und Reichsführer-SS Heinrich Himmler.

Generaloberst Wilhelm Keitel (1882–1946) beim Reichskriegertag in Kassel am 6. April 1939. Nach dem Westfeldzug wurde er am 19. Juli 1940 zum Generalfeldmarschall befördert, vom 4. Februar 1938 bis zum Kriegsende war er Chef des Oberkommandos der Wehrmacht. 1939 ist ihm das Ritterkreuz zum Eisernen Kreuz verliehen worden.

Foto: Walter Frentz

Generalfeldmarschall Wilhelm Keitel, links neben Adolf Hitler, bei der Besichtigung von Bunkermodellen auf dem Berghof.

Nächste Doppelseite: General der Artillerie Alfred Jodl (1890–1946), links im Bild, neben seinem Bruder, Generalmajor Ferdinand Jodl. Seit September 1939 war er Chef

des Wehrmachtführungsstabes im Oberkommando der Wehrmacht. Am 6. Mai 1945 wurde Generaloberst Alfred Jodl für seine Tätigkeit mit dem Ritterkreuz und am 10. Mai 1945 – also nach der Kapitulation der Wehrmacht – durch Großadmiral Karl Dönitz mit dem Eichenlaub zum Ritterkreuz ausgezeichnet.

Foto: Walter Frentz

General Alfred Jodl (2. von links) mit Benito

Mussolini (ganz links), Adolf Hitler und Generalfeldmarschall Wilhelm Keitel bei einer Lagebesprechung im Führerhauptquartier. Ganz rechts: Gesandter Paul Schmidt vom Auswärtigen Amt als Dolmetscher.

Foto: Walter Frentz

Generalleutnant Walter Warlimont (1894–1976), zuletzt General der Artillerie, war von 1942 bis 1944 stellvertretender Chef des Wehrmachtführungsstabes im Oberkommando der Wehrmacht.

Rechts: Generalmajor Rudolf Schmundt (1896–1944), zuletzt General der Infanterie, seit Februar 1938 Chefadjutant der Wehrmacht beim Führer und Obersten Befehlshaber der Wehrmacht, seit 1942 auch Chef des Heerespersonalamtes. Er starb an den Folgen des Attentats vom 20. Juli 1944.

Foto: Walter Frentz

Oben: General der Infanterie Wilhelm Burgdorf (1895–1945), als Nachfolger von General Rudolf Schmundt seit 12. Oktober 1944 Chefadjutant der Wehrmacht beim Führer und Obersten Befehlhaber der Wehrmacht und Chef des Heerespersonalamtes.

Rechts: Generaloberst Walter von Brauchitsch (1881–1948), von 1938 bis 1941 Oberbefehlshaber des Heeres, beim Reichskriegertag 1939.

Nächste Doppelseite: Generaloberst Walter von Brauchitsch beim Reichskriegertag in Kassel am 6. April 1939. Von links nach rechts: Reichsführer-SS Heinrich Himmler, Generaloberst Wilhelm Keitel, von Brauchitsch und Großadmiral Erich Raeder.

Foto: TimePix/Hugo Jäger

Foto: TimePix/Hugo Jäger

Lagebesprechung im Führerhauptquartier. Von links nach rechts in der vorderen Reihe: der rumänische

Staatschef Marschall Antonescu, Adolf Hitler, Generaloberst Franz Halder. Zweite Reihe: Dolmetscher Gesandter Schmidt, Generalfeldmarschall Wilhelm Keitel, Major Eckhard Christian.

Generaloberst Franz Halder (1884–1972) war von 1938 bis 1942 Chef des Generalstabs des Heeres.

Rechts: Lagebesprechung am 19. Februar 1943 in Saporoshje mit Generaloberst Kurt Zeitzler (1895–1963), von 1942 bis 1944 Chef des Generalstabs des Heeres. Von links: Adolf Hitler, Zeitzler, Generalfeldmarschall Ewald von Kleist. Hinter Hitler: Generalleutnant Theodor Busse.

Foto: Walter Frentz

Generaloberst Heinz Guderian (1888–1954), von Juli 1944 bis März 1945 Chef des Generalstabs des Heeres. 1939 wurde er für die Führung des XIX. Panzerkorps im Polenfeldzug mit dem Ritterkreuz ausgezeichnet, 1941 mit dem Eichenlaub als Befehlshaber der Panzergruppe 3 im Rußlandfeldzug.

Rechts: Generaloberst Heinz Guderian im Gespräch mit Generalfeldmarschall Wilhelm Keitel.

Nächste Doppelseite: Vorführung neuer Waffen. In der Bildmitte schräg hinter Adolf Hitler Generaloberst Guderian, Generalinspekteur der Panzerwaffe. Links hinter Hitler Reichsmarschall Hermann Göring. Der Zivilist mit Hut links im Bild ist Professor Ferdinand Porsche.

Foto: Walter Frentz

Foto: Walter Frentz

Generalmajor Dr. Walter Dornberger (1895–1980) war im Zweiten Weltkrieg Chef der Heeresversuchsanstalt Peenemünde. Unter seiner Leitung wurde die Fernrakete A-4, bekannt als Vergeltungswaffe V-2, entwickelt.

Rechts: Großadmiral Erich Raeder (1876–1960) auf dem Reichskriegertag 1939 in Kassel. Von 1935 bis 1943 war er Oberbefehlshaber, danach Admiralinspekteur der Kriegsmarine.

Nächste Doppelseite: Auf dem Reichskriegertag 1939 in Kassel von rechts nach links sitzend: Gauleiter des Gaues Kurhessen Karl Weinrich, Adolf Hitler, Großadmiral Erich Raeder und Generaloberst Walter von Brauchitsch.

Foto: TimePix/Hugo Jäger

Foto: TimePix/Hugo Jäger

Großadmiral Karl Dönitz (1891–1980), ab 1936 Befehlshaber der U-Boote, seit 30. Januar 1943 Oberbefehlshaber der Kriegsmarine. 1940 erhielt er für die Führung der U-Boote das Ritterkreuz, 1943 das Eichenlaub zum Ritterkreuz. 1945 ernannte Adolf Hitler ihn in seinem Politischen Testament zum Reichspräsidenten.

Rechts: Großadmiral Karl Dönitz am 20. April 1944 im Gespräch mit Reichsmarschall Hermann Göring und Generalfeldmarschall Wilhelm Keitel.

Foto: Walter Frentz

Reichsmarschall Hermann Göring (1893–1946) war seit 1935 Oberbefehlshaber der Luftwaffe. 1938 wurde er zum Generalfeldmarschall, nach dem Frankreichfeldzug 1940 zum Reichsmarschall des Großdeutschen Reiches befördert und mit dem Großkreuz zum Eisernen Kreuz ausgezeichnet.

Rechts: Reichsmarschall Hermann Göring mit Generaloberst Hans Jeschonnek, Chef des Luftwaffenführungsstabes.

Foto: Walter Frentz

Foto: Walter Frentz

Generaloberst Hans Jeschonnek (1899–1943), nach dem Polenfeldzug mit dem Ritterkreuz ausgezeichnet und ab 1942 Chef des Luftwaffenführungsstabes, nahm sich am 18. August 1943 das Leben, weil er sich für die unzureichende deutsche Luftrüstung mitverantwortlich fühlte.

General der Flieger Günther Korten (1898–1944) erhielt 1941 das Ritterkreuz. 1944 war er Chef des Luftwaffenführungsstabes, wurde beim Attentat vom 20. Juli 1944 schwer verletzt und starb zwei Tage später. Er wurde nachträglich zum Generaloberst befördert.

Foto: Walter Frentz

Generalfeldmarschall Fedor von Bock (1880–1945) führte als Generaloberst im Polenfeldzug die Heeresgruppe Nord und im Westfeldzug die Heeresgruppe B. Am 19. Juli 1940 zum Generalfeldmarschall befördert, war er im Rußlandfeldzug 1941 Oberbefehlshaber der Heeresgruppe Mitte und 1942 kurzzeitig der Heeresgruppe Süd.

Rechts: General der Flieger Robert Ritter von Greim (1892–1945) wurde am 28. April 1945 von Adolf Hitler zum Generalfeldmarschall befördert und zum Oberbefehlshaber der Luftwaffe ernannt. Das Ritterkreuz erhielt er 1940, das Eichenlaub 1943 und die Schwerter zum Eichenlaub 1944.

Foto: Walter Frentz

Generalfeldmarschall Albert Kesselring (1885–1960), nach dem Polenfeldzug 1939 mit dem Ritterkreuz ausgezeichnet, führte deutsche Luftwaffenverbände im Mittelmeerraum und als Oberbefehlshaber Süd außerdem Heeresverbände in Italien, bei Kriegsende auch in Süddeutschland. Das Eichenlaub und die Schwerter erhielt er 1942, die Brillanten 1944.

Rechts: General der Kavallerie Ewald von Kleist (1881–1954) führte im Polenfeldzug das XXII. Armeekorps, im Westfeldzug, Balkanfeldzug und Rußlandfeldzug Panzerverbände, danach zwei Heeresgruppen im Südabschnitt der Ostfront. Hierfür wurde er 1943 zum Generalfeldmarschall befördert. 1940 bekam er das Ritterkreuz, 1942 das Eichenlaub und 1944 die Schwerter.

Foto: Walter Frentz

Generalfeldmarschall Hans Günther von Kluge (1882–1944) war Oberbefehlshaber der 4. Armee im Polen-, Frankreich- und Rußlandfeldzug, von 1941 bis 1943 der Heeresgruppe Mitte und im Sommer 1944 der Heeresgruppe B in Frankreich. Am 19. Juli 1940 wurde er zum Generalfeldmarschall befördert, 1939 mit dem Ritterkreuz, 1943 mit dem Eichenlaub und den Schwertern ausgezeichnet.

Rechts: General der Artillerie Georg von Küchler (1881–1968) erhielt für die Führung der 3. Armee im Polenfeldzug 1939 das Ritterkreuz sowie als Generalfeldmarschall und Oberbefehlshaber der Heeresgruppe Nord in Rußland 1943 das Eichenlaub.

Foto: Walter Frentz

Generalfeldmarschall Wilhelm List (1880–1971) führte die 14. Armee im Polenfeldzug, die 12. Armee im Westfeldzug und danach im Balkanfeldzug. 1942 war er im Rußlandfeldzug Oberbefehlshaber der im Südabschnitt der Ostfront eingesetzten Heeresgruppe A.

Rechts: Generalfeldmarschall Erich von Manstein (1887–1973) bekam, noch als Kommandierender General eines Armeekorps, nach dem Frankreichfeldzug 1940 das Ritterkreuz, nach der Eroberung der Krim 1942 wurde er mit dem Eichenlaub ausgezeichnet und zum Feldmarschall befördert. Bei seiner Versetzung zur Führerreserve im Frühjahr 1944 erhielt er die Schwerter.

Foto: Walter Frentz

Foto: Walter Frentz

Vorige Doppelseite: Generalfeldmarschall Erich von Manstein und Adolf Hitler am 19. Februar 1943 im Hauptquartier der Heeresgruppe Süd in Saporoshje am Kartentisch. Hinter beiden stehend Generalleutnant Theodor Busse, der Stabschef der Heeresgruppe.

Oben: Generalfeldmarschall Erhard Milch (1892–1972) war von 1938 bis 1945 Generalinspekteur der deutschen Luftwaffe und von 1941 bis 1944 als Generalluftzeugmeister für ihre Rüstung verantwortlich.

Rechts: Adolf Hitler im Gespräch mit Generalfeldmarschall Erhard Milch (Mitte) und Reichsminister Albert Speer, hier in der Uniform der Organisation Todt. Links hinter Hitler General der Flieger Karl Bodenschatz.

Foto: Walter Frentz

Generalfeldmarschall Walter Model (1891–1945) erhielt 1941 das Ritterkreuz als Kommandeur der an der Ostfront eingesetzten 3. Panzerdivision. Als Oberbefehlshaber der 9. Armee wurde er 1942 mit dem Eichenlaub und 1943 mit den Schwertern ausgezeichnet. Die Brillanten bekam er 1944 als Generalfeldmarschall und Oberbefehlshaber der Heeresgruppe Mitte.

Rechts: General der Panzertruppen Friedrich Paulus (1890–1957), dritter von links, bekam als Oberbefehlshaber der 6. Armee 1942 das Ritterkreuz und im Januar 1943 das Eichenlaub. Am 30. Januar 1943 wurde Paulus zum Generalfeldmarschall befördert. Rechts von ihm steht General Georg von Sodenstern, links neben ihm General Adolf Heusinger.

Foto: Walter Frentz

Generalfeldmarschall Walter von Reichenau (1884–1942) war im Polenfeldzug 1939 Oberbefehlshaber der 10. Armee, die danach als 6. Armee bezeichnet wurde. Mit ihr kämpfte er im Frankreich- und Rußlandfeldzug bis zu seiner Ernennung zum Oberbefehlshaber der Heeresgruppe Süd am 3. Dezember 1941.

Rechts: Generalfeldmarschall Wolfram Freiherr von Richthofen (1895–1945) wurde für die Führung des VIII. Fliegerkorps 1940 mit dem Ritterkreuz und 1941 mit dem Eichenlaub ausgezeichnet.

Foto: Walter Frentz

Generaloberst Erwin Rommel (1891–1944) erhielt das Ritterkreuz 1940 während des Westfeldzugs als Generalmajor und Kommandeur der 7. Panzerdivision, das Eichenlaub 1941 als Generalleutnant und Befehlshaber der deutschen Truppen in Libyen, die Schwerter 1942 als Oberbefehlshaber der Panzergruppe Afrika und die Brillanten 1943 als Generalfeldmarschall und Oberbefehlshaber der Heeresgruppe Afrika.

Generaloberst Rommel und Generalmajor Fröhlich beim Kartenstudium an der nordafrikanischen Front.

Am 27. Februar 1941 fand in Tripolis eine große Parade statt. General Rommel schritt zusammen mit deutschen und italienischen Offizieren die Front seiner Truppen ab.

Generalfeldmarschall Gerd von Rundstedt (1875–1953) bekam nach dem Polenfeldzug 1939 das Ritterkreuz als Oberbefehlshaber der Heeresgruppe Süd und wurde als Oberbefehlshaber West 1944 mit dem Eichenlaub und 1945 mit den Schwertern ausgezeichnet.

Rechts: General der Gebirgstruppe Ferdinand Schörner (1892–1973) wurde 1941 als Kommandeur einer Gebirgsdivision im Balkanfeldzug das Ritterkreuz, 1944 für die Führung eines Panzerkorps an der Ostfront das Eichenlaub verliehen. Als Generaloberst und Oberbefehlshaber der Heeresgruppe Nord bekam er 1944 die Schwerter und 1945 die Brillanten. Als letzter deutscher Soldat wurde er am 5. April 1945 zum Generalfeldmarschall befördert.

Nächste Doppelseite: General der Flieger Hugo Sperrle (1885–1953) in spanischer Uniform (Bildmitte) bei der Parade anläßlich der Rückkehr der Legion Condor am 6. Juni 1939 nach Berlin. Sperrle kommandierte 1936/37 die Legion Condor im Spanischen Bürgerkrieg. 1940 erhielt er als Chef der Luftflotte 3 das Ritterkreuz. Für seine Teilnahme am Frankreichfeldzug und der Luftschlacht um England wurde er am 19. Juli 1940 zum Generalfeldmarschall befördert. Von links nach rechts: Großadmiral Erich Raeder, Generaloberst Walter von Brauchitsch, Generaloberst Wilhelm Keitel, General der Flieger Hugo Sperrle, ganz rechts: Reichsführer-SS Heinrich Himmler, Reichspressechef Dr. Otto Dietrich und SS-Obergruppenführer Sepp Dietrich.

Foto: Walter Frentz

Foto: TimePix/Hugo Jäger

Generalfeldmarschall Maximilian Reichsfreiherr von Weichs (1881–1954) erhielt 1940 für die Führung der 2. Armee im Westfeldzug das Ritterkreuz und 1945 als Oberbefehlshaber Südost und der Heeresgruppe F in Serbien das Eichenlaub.

Rechts: Generalleutnant Karl Allmendinger (1891–1965) wurde 1941 für die Kämpfe einer von ihm geführten Infanteriedivision mit dem Ritterkreuz und 1942 für den Einsatz seiner Jägerdivision bei Demjansk und am Ilmensee mit dem Eichenlaub ausgezeichnet. 1943 wurde er zum General der Infanterie befördert.

Foto: Walter Frentz

Generalleutnant Hermann Balck (1893–1982) wurde 1940 das Ritterkreuz verliehen. Nach dem Westfeldzug kam er von der Infanterie zur Panzertruppe. 1942 wurde er mit dem Eichenlaub und 1943 mit den Schwertern ausgezeichnet. Die Brillanten erhielt der General der Panzertruppen 1944.

Rechts: General der Infanterie Johannes Blaskowitz (1883–1948) bei der Parade in Warschau nach Abschluß des Polenfeldzuges im Mantel und mit Degen. Er bekam 1939 das Ritterkreuz als Oberbefehlshaber der 8. Armee. Das Eichenlaub wurde ihm als Generaloberst 1944 verliehen, 1945 erhielt er die Schwerter.

Foto: TimePix/Hugo Jäger

General der Infanterie Günther Blumentritt (1892–1967) wurde 1944 als Chef des Generalstabs des Oberbefehlshabers West mit dem Ritterkreuz und 1945 als Führer der 25. Armee mit dem Eichenlaub ausgezeichnet.

Rechts: General der Artillerie Erich Brandenberger (1892–1955) erhielt 1941 als Kommandeur einer Panzerdivision das Ritterkreuz, 1943 als Kommandierender General eines Armeekorps in der 6. Armee das Eichenlaub.

Foto: Walter Frentz

Foto: Walter Frentz

Vorige Doppelseite: Generalleutnant Theodor Busse (1897–1967) wurde 1944 als Chef des Stabes der Heeresgruppe Süd mit dem Ritterkreuz ausgezeichnet. Vom Januar 1945 bis zum Kriegsende war er als General der Infanterie Oberbefehlshaber der ostwärts Berlin eingesetzten 9. Armee. Bei der Lagebesprechung in seinem Armeehauptquartier in Bad Saarow im März 1945 steht er rechts neben Adolf Hitler.

Oben: General der Infanterie Kurt von der Chevallerie (1891–1945) erhielt 1941 für die Führung einer Infanteriedivision das Ritterkreuz und 1943 als Kommandierender General eines Armeekorps in der 4. Panzerarmee das Eichenlaub.

Rechts: Generaloberst Otto Deßloch (1889–1977) bekam nach dem Westfeldzug 1940 für die Führung des II. Flak-Korps das Ritterkreuz und als Oberbefehlshaber der an der Ostfront eingesetzten Luftflotte 4 1944 das Eichenlaub.

Walter Frentz

Foto: Walter Frentz

Generaloberst Eduard Dietl (1890–1944) wurde 1940 für die Verteidigung von Narvik mit dem Ritterkreuz und dem Eichenlaub sowie 1944 für die Führung der in Finnland kämpfenden 20. Gebirgsarmee mit den Schwertern ausgezeichnet.

Rechts: SS-Obergruppenführer und General der Waffen-SS Sepp Dietrich (1892–1966) wurde für die Führung einer Division und später eines Panzerkorps der Waffen-SS 1940 mit dem Ritterkreuz, 1941 mit dem Eichenlaub und 1943 mit den Schwertern ausgezeichnet. 1944 bekam er als SS-Oberstgruppenführer und Generaloberst der Waffen-SS die Brillanten.

Foto: Walter Frentz

General der Artillerie Maximilian Fretter-Pico (1892–1986) erhielt 1941 als Kommandeur einer Infanteriedivision an der Ostfront das Ritterkreuz und 1944 als Kommandierender General eines Armeekorps in der 1. Panzer-Armee das Eichenlaub.

Rechts: General der Panzertruppen Fritz-Hubert Gräser (1888–1960) erhielt für die Führung eines Infanterieregiments im Westfeldzug 1940 das Ritterkreuz, 1944 als Kommandeur einer Panzergrenadierdivision das Eichenlaub und 1945 als Oberbefehlshaber der 4. Panzer-Armee die Schwerter.

Foto: Walter Frentz

Foto: Walter Frentz

General der Panzertruppen Josef Harpe (1887–1968) wurde 1941 für die Führung einer Panzerdivision mit dem Ritterkreuz und dem Eichenlaub ausgezeichnet sowie 1943 als Kommandierender General eines Panzerkorps mit den Schwertern. Bei Kriegsende befehligte er als Generaloberst die 5. Panzer-Armee.

Rechts: Generaloberst Gotthard Heinrici (1886–1971) erhielt als Führer eines Armeekorps 1941 das Ritterkreuz, als Oberbefehlshaber der 4. Armee 1943 das Eichenlaub und 1945 als Oberbefehlshaber der 1. Panzer-Armee die Schwerter. Bei Kriegsende war er Oberbefehlshaber der Heeresgruppe Weichsel.

Foto: Walter Frentz

Generalmajor Traugott Herr (1890–1976), bei Kriegsende General der Panzertruppen, bekam 1941 als Kommandeur einer Schützenbrigade das Ritterkreuz, 1942 als Kommandeur einer Panzerdivision das Eichenlaub und 1944 als Kommandierender General eines Panzerkorps die Schwerter.

Rechts: General der Infanterie Carl Hilpert (1888–1948) wurde als Kommandierender General eines Armeekorps 1943 das Ritterkreuz und 1944 das Eichenlaub verliehen. Bei Kriegsende war er Generaloberst.

Foto: Walter Frentz

Foto: TimePix/Hugo Jäger

Vorige Doppelseite und oben: Reichsführer-SS Heinrich Himmler (1900–1945) – links neben ihm ein Polizeioffizier während der Siegesparade 1939 in Warschau nach Abschluß des Polenfeldzuges – übernahm im Dezember 1944 die Führung der deutschen Truppen am Oberrhein und von Januar bis März 1945 der Heeresgruppe Weichsel.

Rechts: General der Infanterie Friedrich Hoßbach (1894–1980) wurde 1940 als Kommandeur eines Infanterieregiments mit dem Ritterkreuz und 1943 als Führer eines Panzerkorps mit dem Eichenlaub ausgezeichnet.

Foto: Walter Frentz

General der Infanterie Hermann Hoth (1885–1971) erhielt 1939 als Kommandierender General eines Armeekorps das Ritterkreuz, 1941 als Befehlshaber einer Panzergruppe das Eichenlaub und 1943 als Generaloberst und Oberbefehlshaber der 4. Panzerarmee die Schwerter.

Rechts: General der Panzertruppen Hans Hube (1890–1944), der im Ersten Weltkrieg einen Arm verloren hatte, erhielt 1941 das Ritterkreuz, 1942 das Eichenlaub und die Schwerter, 1944 als General der Panzertruppen und Oberbefehlshaber einer Panzerarmee die Brillanten.

Foto: Walter Frentz

General der Infanterie Hans Jordan (1892–1975) bekam als Kommandeur eines Infanterieregiments 1940 das Ritterkreuz und 1942 das Eichenlaub sowie 1944 als Kommandierender General eines Armeekorps die Schwerter.

Rechts: General der Panzertruppen Otto von Knobelsdorff (1886–1966) wurde 1941 als Kommandeur einer Panzerdivision mit dem Ritterkreuz ausgezeichnet, als Kommandierender General eines Panzerkorps 1943 mit dem Eichenlaub und 1944 mit den Schwertern.

Foto: Walter Frentz

Generalmajor Hans Kreysing (1890–1969) wurden 1940 als Kommandeur eines Infanterieregiments das Ritterkreuz, 1943 als Kommandeur einer Gebirgsdivision das Eichenlaub und 1944 als Kommandierendem General eines Armeekorps die Schwerter verliehen. Bei Kriegsende war er General der Gebirgstruppe.

Rechts: General der Infanterie Paul Laux (1887–1944) erhielt 1941 als Kommandeur einer Infanteriedivision das Ritterkreuz und 1943 als Kommandierender General eines Armeekorps das Eichenlaub.

Foto: Walter Frentz

General der Panzertruppen Joachim Lemelsen (1888–1954) bekam 1941 für die Führung eines Armeekorps das Ritterkreuz und 1943 als Kommandierender General eines Panzerkorps das Eichenlaub.

Rechts: Generalleutnant Theobald Lieb (1889–1981) leitete 1944 als Führer eines Armeekorps den Durchbruch deutscher Truppen aus dem Kessel von Tscherkassy und wurde dafür mit dem Ritterkreuz und dem Eichenlaub ausgezeichnet.

Foto: Walter Frentz

Generaloberst Alexander Löhr (1885–1947) wurde 1939 als Chef der Luftflotte 4 das Ritterkreuz und 1945 als Oberbefehlshaber der Heeresgruppe E das Eichenlaub verliehen.

Rechts: Generalleutnant Smilo Freiherr von Lüttwitz (1895–1975) erhielt 1942 als Kommandeur eines Schützenregiments das Ritterkreuz, 1944 als Kommandeur einer Panzerdivision das Eichenlaub und die Schwerter. Bei Kriegsende war er General der Panzertruppen.

Foto: Walter Frentz

Foto: Walter Frentz

Generalmajor Hasso von Manteuffel (1897–1978), bei Kriegsende General der Panzertruppen und Oberbefehlshaber einer Panzerarmee, wurde 1941 mit dem Ritterkreuz, 1943 mit dem Eichenlaub, 1944 mit den Schwertern und 1945 mit den Brillanten ausgezeichnet.

Rechts: General der Panzertruppen Walther Nehring (1892–1983) bekam das Ritterkreuz 1941 als Kommandeur einer Panzerdivision, als Kommandierender General eines Panzerkorps 1944 das Eichenlaub und 1945 die Schwerter.

Foto: Walter Frentz

General der Infanterie Hans von Obstfelder (1886–1976) wurde als Kommandierender General eines Armeekorps 1941 mit dem Ritterkreuz, 1943 mit dem Eichenlaub und 1944 mit den Schwertern ausgezeichnet.

Rechts: Oberst Dietrich Peltz (1914-2001) erhielt 1940 das Ritterkreuz, 1941 das Eichenlaub und 1943 die Schwerter. Im selben Jahr wurde er zum Generalmajor befördert und zum Angriffsführer England der Luftwaffe ernannt.

Foto: Walter Frentz

General der Infanterie Dr. Lothar Rendulic (1887–1971), bei Kriegsende Generaloberst, wurde 1942 als Kommandeur einer Infanteriedivision mit dem Ritterkreuz, 1943 als Kommandierender General eines Armeekorps mit dem Eichenlaub und 1945 als Oberbefehlshaber einer Gebirgsarmee mit den Schwertern ausgezeichnet.

Rechts: Generalleutnant Dietrich von Saucken (1892–1980), bei Kriegsende General der Panzertruppen, bekam 1942 das Ritterkreuz, 1943 das Eichenlaub, 1944 die Schwerter und 1945 als letzter deutscher Soldat die Brillanten.

Foto: Walter Frentz

Foto: TimePix/Hugo Jäger

General der Infanterie Eugen Ritter von Schobert (1883 –1941) anläßlich der Parade zur Rückkehr der Legion Condor aus dem Spanischen Bürgerkrieg 1939 in Berlin. Er bekam als Kommandierender General eines Armeekorps nach dem Frankreichfeldzug 1940 das Ritterkreuz. Bei seinem Tod durch Flugzeugabsturz in Rußland war er Generaloberst und Oberbefehlshaber der 11. Armee.

Rechts: Beisetzungsfeier für Eugen Ritter von Schobert in München nach der Überführung seiner sterblichen Überreste nach Deutschland.

Foto: TimePix/Hugo Jäger

SS-Obergruppenführer und General der Waffen-SS Felix Steiner (1896–1966) erhielt 1940 als SS-Oberführer und Regimentskommandeur das Ritterkreuz, 1942 als SS-Gruppenführer und Kommandeur einer SS-Panzergrenadierdivision das Eichenlaub und 1944 als SS-Obergruppenführer, General der Waffen-SS und Kommandierender General eines SS-Panzerkorps die Schwerter.

Rechts: General der Flieger Kurt Student (1890–1978), der Schöpfer der deutschen Fallschirmtruppe, erhielt 1940 das Ritterkreuz für die von ihm geleiteten Luftlandeoperationen in Belgien und Holland und 1943 für den erfolgreichen Einsatz seiner Fallschirmjägerdivisionen nach der Landung der Alliierten in Italien das Eichenlaub. Bei Kriegsende war er Generaloberst und kurzzeitig Oberbefehlshaber der Heeresgruppe Weichsel.

Foto: Walter Frentz

General der Infanterie Kurt von Tippelskirch (1891–1957) wurde 1941 als Kommandeur einer Infanteriedivision das Ritterkreuz und 1944 als stellvertretender Führer der 4. Armee das Eichenlaub verliehen.

Rechts: General der Panzertruppen Heinrich von Vietinghoff-Scheel (1887–1952) erhielt das Ritterkreuz 1940 als Kommandierender General eines Armeekorps und das Eichenlaub 1944 als Generaloberst und Oberbefehlshaber der 10. Armee.

Foto: Walter Frentz

Foto: Walter Frentz

Vorige Doppelseite: Generalleutnant Walther Wenck (1900–1982), rechts im Bild, bekam 1942 als Chef des Generalstabs der 3. rumänischen Armee das Ritterkreuz. Bei Kriegsende war er General der Panzertruppen und Oberbefehlshaber der 12. Armee. Das Bild zeigt ihn zusammen mit Generaloberst Heinz Guderian im Oberkommando des Heeres in Ostpreußen beim Kartenstudium.

Oben: General der Infanterie Friedrich Wiese (1892–1975) wurde 1942 als Kommandeur eines Infanterieregiments mit dem Ritterkreuz ausgezeichnet und 1944 als Kommandierender General eines Armeekorps mit dem Eichenlaub.

Rechts: Kapitänleutnant Albrecht Brandi (1914–1966) bekam für seine Erfolge als U-Boot-Kommandant im Mittelmeer 1943 das Ritterkreuz und das Eichenlaub, 1944 die Schwerter und, schon als Korvettenkapitän, die Brillanten.

Foto: Walter Frentz

Oberst Adolf Galland (1912–1996) erhielt 1940 für seine Luftsiege das Ritterkreuz und das Eichenlaub, 1941 die Schwerter und 1942 die Brillanten. Bei Kriegsende war er Generalleutnant und kommandierte einen mit Düsenjägern ausgerüsteten Jagdverband.

Rechts: SS-Gruppenführer und Generalleutnant der Waffen-SS Herbert Otto Gille (1897–1966) bekam für die Führung von Verbänden der Waffen-SS an der Ostfront 1942 das Ritterkreuz, 1943 das Eichenlaub sowie 1944 die Schwerter und die Brillanten. Bei Kriegsende war er SS-Obergruppenführer und General der Waffen-SS.

Foto: Walter Frentz

Major Gordon Gollob (1912–1987) wurde für seine Luftsiege 1941 mit dem Ritterkreuz und dem Eichenlaub, 1942 mit den Schwertern und als dritter deutscher Soldat mit den Brillanten ausgezeichnet. Bei Kriegsende war er Oberst.

Rechts: Major Hermann Graf (1912–1988) erhielt für seine Abschüsse 1942 kurz nacheinander das Ritterkreuz, das Eichenlaub, die Schwerter und die Brillanten. Zuletzt war er Oberst der Luftwaffe.

Foto: Walter Frentz

Leutnant Erich Hartmann (1922–1993), bei Kriegsende Major, war mit 352 Luftsiegen der erfolgreichste Jagdflieger des Zweiten Weltkriegs. Das Ritterkreuz bekam er 1943, das Eichenlaub, die Schwerter und die Brillanten 1944.

Rechts: Major Helmut Lent (1918–1944), nach Schnaufer der erfolgreichste deutsche Nachtjäger, wurde 1941 mit dem Ritterkreuz, 1942 mit dem Eichenlaub, 1943 mit den Schwertern und 1944 mit den Brillanten ausgezeichnet. Er war zuletzt Oberstleutnant.

Foto: Walter Frentz

Kapitän zur See Wolfgang Lüth (1913–1945) erhielt für seine Erfolge als U-Boot-Kommandant 1940 das Ritterkreuz, 1942 das Eichenlaub sowie 1943 die Schwerter und die Brillanten. Nach Kriegsende wurde er versehentlich von einem Wachtposten erschossen.

Rechts: Oberleutnant Hans-Joachim Marseille (1919–1942) bekam für seine in Nordafrika erzielten Luftsiege 1942 das Ritterkreuz, das Eichenlaub, die Schwerter und die Brillanten. Bei seinem Unfalltod war er Hauptmann.

Foto: Walter Frentz

Foto: Walter Frentz

Oberst Dr. Karl Mauss (1898–1959), von der Infanterie zur Panzertruppe gewechselt, erhielt 1941 das Ritterkreuz, 1943 das Eichenlaub, 1944 die Schwerter und 1945 die Brillanten. Bei Kriegsende war er General der Panzertruppen.

Rechts: Hauptmann Walter Nowotny (1920–1944), zuletzt Major, erhielt 1942 das Ritterkreuz, 1943 das Eichenlaub, die Schwerter und die Brillanten. Als erster Jagdflieger erzielte er 250 Luftsiege.

Foto: Walter Frentz

Generalmajor Hermann Bernhard Ramcke (1889–1968) wurde 1941 das Ritterkreuz und 1942 das Eichenlaub verliehen. Für die Verteidigung der Festung Brest bekam er 1944 die Schwerter und die Brillanten. Bei Kriegsende war er General der Fallschirmtruppe.

Rechts: Oberst Hans-Ulrich Rudel (1916–1982) wurden 1942 das Ritterkreuz, 1943 das Eichenlaub und die Schwerter sowie 1944 die Brillanten für seine Einsätze als Schlachtflieger mit einem Sturzkampfbomber verliehen. Als einziger Soldat der deutschen Wehrmacht wurde er Ende 1944 mit der allerhöchsten Tapferkeitsauszeichnung, dem Goldenen Eichenlaub mit Schwertern und Brillanten zum Ritterkreuz, ausgezeichnet.

Foto: Walter Frentz

Foto: Walter Frentz

Hauptmann Heinz Wolfgang Schnaufer (1922–1950) wurde Silvester 1943 mit dem Ritterkreuz und dann 1944 in kurzen Abständen mit dem Eichenlaub, den Schwertern und den Brillanten ausgezeichnet. Bei Kriegsende war er Major und mit 126 Abschüssen der erfolgreichste Nachtjäger der Welt.

Rechts: Oberst Adelbert Schulz (1903–1944) erhielt 1940 das Ritterkreuz und 1941 das Eichenlaub sowie 1943 als Oberstleutnant die Schwerter und als Oberst die Brillanten. Im Januar 1944 wurde er zum Generalmajor befördert.

Foto: Walter Frentz

Foto: Walter Frentz

Oberstleutnant Hyazinth Graf Strachwitz (1893–1968) wurde 1941 als Major mit dem Ritterkreuz, 1942 als Oberstleutnant mit dem Eichenlaub, 1943 als Oberst mit den Schwertern und 1944 als Oberst und Kampfgruppenführer bei der Heeresgruppe Nord mit den Brillanten ausgezeichnet. Bei Kriegsende war er Generalleutnant.

Unternehmen „Barbarossa“ (bis 30. September 1941)
LETTLAND
LITAUEN
DEUTSCHES REICH
SOWJETUNION
Weißrußland
Ukraine
UNGARN
RUMÄNIEN
Moldau
Krim
Schwarzes Meer
Heeresgruppe Nord
Heeresgruppe Mitte
Heeresgruppe Süd (v.Rundstedt)
West-Front
Südwest-Front
Pripjet-Sümpfe
Riga
Wilna
Minsk
Smolensk
Kiev
Moskau
Odessa
Dnjepropetrovsk
Sevastopol
sowjetische Abwehrstellungen
Aufmarsch am 22.6.1941
Frontverlauf am 29.6.1941
Frontverlauf am 2.7.1941
Frontverlauf am 9.7.1941
Frontverlauf am 7.8.1941
Frontverlauf am 25.8.1941
Frontverlauf am 30.9.1941
deutscher Vormarsch bis 9.7.1941
deutscher Vormarsch bis 7.8.1941
deutscher Vormarsch bis 30.9.1941
nachgezogene deutsche Truppen
sowjetische Gegenstöße
sowjetische Kessel
sowjetischer Rückzug aus Odessa
Minenwarngebiete
wichtige Luftangriffe
Marineaktionen
0 100 km